Emma Gouaille

La jeune garde en cuisine !

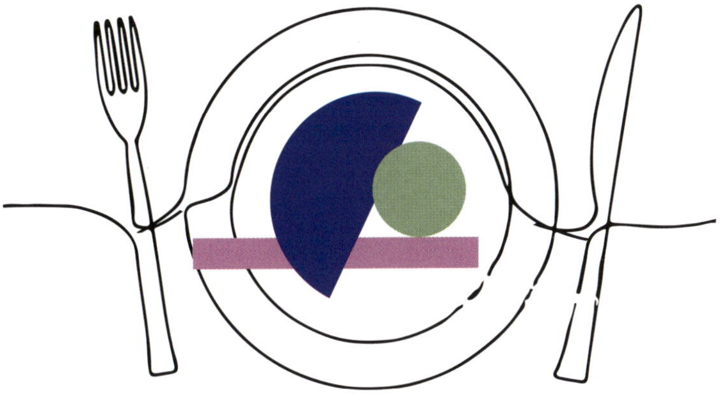

Avec les chef.fes

Mathilde Aguerre et Mathieu Thomas \ Anthony Carballo \ Stéphane Casset et Max Feret \ Cécile Chapet et Théo François \ Mathis Devaux \ Louis Festa\ Jacques In'On \ Adrien Landois et Peio Nesi \ Guillaume Le Goff et Gary Village \ Clément Papillaud \ Laetitia Sarthou

Éditions SUD OUEST

Préface

100 recettes pour un nouveau monde

Longtemps, la ville a donné le tempo des tendances gastronomiques. Si elle demeure un creuset de créativité, de belles histoires s'écrivent de plus en plus souvent ailleurs. De jeunes chefs font le choix radical de s'installer dans des villages. Là, ils adoptent un mode de vie plus simple et créent une relation directe et respectueuse avec le terroir qui les entoure.

Passionnée, Emma Gouaille est partie à la rencontre de cuisiniers talentueux, ambitieux, curieux. Ils sont des villes ou des champs mais ils sont avant tout profondément convaincus que le monde doit changer et qu'ils en seront les acteurs. Partout, une nouvelle génération d'éleveurs, de cultivateurs, de bergers et de pêcheurs les accompagne en prenant soin des produits qu'ils tirent de la terre.

Ce lien précieux entre chefs et producteurs modèle nos assiettes plus que nous l'imaginons.

Voici pourquoi nous avons souhaité échanger avec cette jeune génération de cuisiniers, découvrir leurs astuces, leurs adresses secrètes, leurs ingrédients fétiches, leurs producteurs, engagés dans une agriculture durable. Ils sont 11 et ils nous livrent 100 recettes, pour la plupart aisées à réaliser. 100 recettes qui s'accordent à nos modes alimentaires, tournées vers des assiettes plus saines, plus végétales et épicées.

Ces jeunes cuisiniers sont les ambassadeurs d'une cuisine en pleine mutation. Régalez-vous des 100 idées qu'ils ont offertes à Emma et, à la faveur d'un week-end, poussez la porte de leur restaurant. Ils ont tant de choses à nous raconter. Et à nous faire goûter.

Marie-Luce Ribot

Vous trouverez en page 121 un glossaire des termes culinaires.

Ces pictogrammes indiquent le niveau de difficulté des recettes :

facile **moyen** **technique**

Les condiments : le truc en plus

C'est l'ingrédient auquel on ne pense pas forcément à la maison, qui transforme soudain un bon plat en plat mémorable. La touche sucrée, acide, amère ou salée qui permet d'atteindre l'équilibre des goûts, voire l'« umami », cette cinquième saveur « au goût délicieux » identifiée par les Japonais. Un condiment, c'est une substance aromatique utilisée pour relever la saveur des aliments. Tout bon cuisinier a toujours sous la main les indispensables sel et poivre ou piment d'Espelette. On connaît aussi la moutarde, la mayonnaise, le Tabasco… Mais il est des ingrédients auxquels on ne pense pas en tant que condiments. Les chefs nous parlent de leurs bottes secrètes culinaires !

L'ail noir. L'ail cru peut parfois être difficile à digérer pour certains. L'ail confit est une bonne solution de remplacement, que Gary Village utilise dans sa recette de courgettes crème feta (page 33). Mais le nouveau chouchou des chefs, c'est l'ail noir. Il s'agit d'ail blanc cuit pendant plusieurs jours à basse température dans une enceinte humide. Cette cuisson donnerait à l'ail noir des vertus antioxydantes. Son goût est loin de l'ail blanc cru. Il est doux, presque sucré, et se rapproche des saveurs du vinaigre balsamique avec un arrière-goût de réglisse. On peut le trouver sous forme de tête entière, de gousses ou de purée. Peio Nesi, à *Trabenia*, l'utilise pour agrémenter son velouté de cèpes (page 6).

Les huiles et vinaigres infusés. Et si on mettait un coup de fouet à la vinaigrette classique ? Nos huiles et vinaigres classiques peuvent être aromatisés ou infusés à l'infini. Les chefs nous le prouvent : *Le Jour du poisson* utilise un vinaigre à la mûre pour infuser du maquereau (page 25) et une huile de persil dans son risotto aux coques (page 86).

Les agrumes. La plupart des cuisiniers rencontrés pour ce livre ont toujours un citron et une râpe Microplane (zesteur) sous la main. Pour ajouter du peps à un plat, rien de mieux que le zeste d'un citron, jaune ou vert. Le jus est aussi précieux pour ajouter une touche d'acidité, comme dans le tartare de mulet (page 73). Au fil des pages, on découvre aussi des variétés inconnues comme le tangelo ou le citron du Mexique. À *La Nauve*, Anthony Carballo aime conserver les agrumes grâce à la lacto-fermentation (quartiers des fruits mis en bocal avec du gros sel).

Les pickles. Au rayon de la fermentation, parlons des pickles. Il suffit de recouvrir les légumes de son choix (oignons, carottes, concombres…) avec un mélange bouillant de sucre, vinaigre et eau. On trouve de jolis pétales roses d'oignon dans le plat veggie de *Trabenia* (page 39). Mathis Devaux, lui, réalise des pickles avec des graines de moutarde pour condimenter son maquereau cuit à la flamme (page 27).

Les poivres. Au-delà du poivre noir classique, il existe toute une palette d'arômes comme le poivre citron verveine, que le chef de *Trabenia* aime utiliser, ou le poivre rouge ou vanille, qui fait partie de la collection de Mathieu Thomas, chef de *Mimosa*.

Le piment. Celui d'Espelette (AOP) remporte la palme. Beaucoup de cuisiniers du Sud-Ouest l'utilisent comme poivre pour chacune de leurs recettes. Il se situe à 4 sur 10 sur l'échelle de Scoville, qui mesure l'intensité du piquant.

Le miso. Cette pâte fermentée à base de soja, de riz ou d'orge nous vient du Japon. Il compose la fameuse soupe miso mais peut aussi être utilisé pour mariner des viandes comme Louis Festa le fait aux *Singuliers* ou être la base d'un caramel à la manière de Clément Papillaud.

L'anguille fumée. Max Féret du *Jardin* utilise ce produit de Caviar de Neuvic pour apporter un assaisonnement ou du peps à ses plats. « Cela peut même accompagner une viande comme du bœuf ou du veau »

Les entrées

Crème champignons, ail noir, papada

Peio Nesi, *Trabenia*

Pour 4 personnes
Préparation 20 min
Cuisson 20 min
250 g de cèpes • 500 g de champignons bruns • ½ gousse d'ail • 2 têtes d'ail noir • 150 g de vinaigre balsamique • 125 g de papada (gorge de cochon, plus connue en italien sous le nom de guanciale) • 1 botte de thym • ½ l de crème liquide • 1 l de lait entier • huile d'olive • beurre • sel • poivre

La crème de champignons

Faire revenir les gousses d'ail dégermées et le thym dans de l'huile d'olive. Ajouter les champignons bruns et les cèpes. Laisser colorer le tout avec un peu de beurre. Déglacer le tout au vin blanc. Ajouter le lait et 250 g de crème liquide. Porter à ébullition. Assaisonner et mixer le tout.

Tailler la papada en fines tranches et laisser revenir à température ambiante.

La crème d'ail noir

Éplucher l'ail noir. Dans une casserole, verser le vinaigre balsamique et laisser réduire de moitié. Ajouter 1 tête d'ail noir. Laisser 3 minutes à ébullition. Mixer et laisser refroidir.
Monter 250 g de crème au fouet. Ajouter l'ail noir balsamique. Ajuster l'assaisonnement.

Dressage

Déposer au fond d'un bol la crème à l'ail noir, les tranches de papada et, s'il en reste, quelques éclats d'ail noir. Pour les plus gourmands, compléter de croûtons bien dorés et verser la crème de champignons bien chaude.

Velouté de butternut flambé au cognac, crème de lard et noisettes

Mathis Devaux, *Maison Devaux*

Pour 6 personnes
Préparation 20 min
Repos 12 h
Cuisson 30 min
1 butternut • 200 g de crème fraîche • 3 cl de cognac • 50 g d'échalotes • 50 g de noisettes • 50 g de châtaignes ou de marrons • 100 g de guanciale • huile d'olive • sel • poivre

Découper en petits cubes le guanciale, le faire griller dans une casserole puis couvrir d'un peu de crème. Filmer et laisser infuser une nuit au réfrigérateur.

Éplucher les échalotes et le butternut, faire suer les échalotes avec de l'huile d'olive à la casserole à feu moyen, ajouter le butternut découpé en petits cubes ainsi que les châtaignes. Faire revenir jusqu'à coloration. Déglacer au cognac et flamber. Couvrir d'eau, laisser cuire 20 minutes à feu moyen puis mixer jusqu'à obtention d'un velouté. Ajouter la crème, le sel et le poivre.

Torréfier les noisettes ou les châtaignes à la poêle.

Verser le velouté dans un bol, ajouter la crème froide au lard par-dessus et parsemer de noisettes torréfiées et de copeaux de châtaignes.

Velouté de potimarron au gingembre

Laetitia Sarthou, *Les Pipelettes*

Pour 6 personnes
Préparation 10 minutes
Cuisson 40 minutes
½ potimarron • 2 poireaux • 2 carottes • 1 oignon • 3 pommes de terre • bouillon de volaille • 20 g de gingembre • 10 cl de crème fraîche • huile d'olive • sel, poivre.

Faire revenir l'oignon, les poireaux, les carottes, les pommes de terre pelés et coupés en morceaux dans de l'huile d'olive. Ajouter le potimarron et le gingembre. Couvrir à hauteur avec du bouillon de volaille, saler, poivrer. Faire cuire 30 à 40 minutes.
Mixer le tout avec la crème fraîche et servir bien chaud décoré avec quelques feuilles de cerfeuil.

Crème de butternut, crème wasabi et riz frit

Mathilde Aguerre et Mathieu Thomas, *Mimosa*

Pour 4 personnes
Préparation 20 minutes
Repos 2 heures
Cuisson 45 minutes
1 oignon ciselé • 1 gousse d'ail • 1 butternut • 200 g de lait de coco • 1 botte de coriandre • 200 g de crème liquide • 200 g de riz rond • 5 g de pâte de wasabi • sel • piment d'Espelette

Faire revenir les oignons ciselés et la gousse d'ail hachée. Éplucher le butternut, retirer les grains. Tailler en cubes et faire revenir avec le reste. Mouiller à hauteur avec de l'eau.
Une fois cuit, mixer l'ensemble et ajouter le lait de coco. Assaisonner au sel et piment d'Espelette.

Monter la crème au batteur et ajouter le wasabi. Réserver au frais.
Pour un petit plus original, faire une chips de riz frit. Cuire le riz rond dans de l'eau bouillante et le surcuire quelques minutes de plus que les indications. Bien égoutter puis étaler entre 2 feuilles de papier sulfurisé sur environ 2 mm d'épaisseur. Mettre au congélateur. Une fois congelé, retirer les papiers sulfurisés et plonger la tuile de riz en quelques morceaux dans une friteuse à 180 °C. Une fois que les chips sont croustillantes, bien les égoutter et saler.
Verser la crème de butternut dans un bol, ajouter quelques feuilles de coriandre, mettre une quenelle de crème montée au wasabi et des chips de riz frit sur le dessus.

MATHILDE AGUERRE ET MATHIEU THOMAS

Depuis leur rencontre dans le restaurant trois étoiles de Guy Savoy à Paris, l'Ezpeletar et le Vendéen ont fait du chemin. Jusqu'à poser leurs valises à Sare en juin 2020. Ensemble, ils ont repris l'auberge de la place du village et en ont fait une adresse moderne et créative.

Mathieu Thomas, distingué Jeune Talent Nouvelle-Aquitaine par le Gault et Millau, propose une cuisine inspirée des richesses du terroir basque avec un attrait pour le gibier, mis en valeur pendant la saison hivernale à coups de tourte de colvert et autres lièvres à la royale… Il devient même charcutier occasionnellement pour transformer la réputée viande de porc Kintoa de la ferme Kukusoa voisine. Conserves, pâtés et saucisses confites sont autant de souvenirs de Mimosa à rapporter à la maison.

Mathilde Aguerre, pâtissière de formation, imagine des desserts gourmands et anime aussi la salle rustique et chaleureuse de la maison basque du XVIIe siècle. On y retrouve à la fois les codes d'un bistrot de village et les marqueurs d'une gastronomie contemporaine.

• Quel est votre produit préféré du Sud-Ouest ?
Mathieu : le ris de veau de Galice.
Mathilde : le canard.

• Votre madeleine de Proust ?
Les œufs mimosa que nos grands-mères nous faisaient, le baba au rhum et la blanquette de veau à l'ancienne.

• Un ingrédient qui peut être le petit plus dans une recette ?
Mathilde : le citron vert.
Mathieu : le citron jaune et les agrumes en général.

• Un autre restaurant de la région à conseiller ?
À Getaría, *Kaia Kaipe*. On y mange le produit brut avec un trait d'huile d'olive. Par exemple, un poisson juste grillé, typique de l'autre côté, basque espagnol. Il y a une certaine simplicité mais aussi une grande précision dans les cuissons.

MIMOSA

Mimosa est à la fois une auberge de village, où les locaux ont leurs habitudes, et aussi une adresse gastronomique qui vaut le détour. On y mange évidemment le régressif œuf mimosa, on se régale du porc Kintoa local et on revient aussi pour le travail des agrumes et notamment ces pâtes bien affirmées qui condimentent les poissons.

Pour en savoir plus rdv p. 123.

Soupe de courge bleue de Hongrie au beurre noisette, salinù

Cécile Chapet et Théo François, *Le Jour du poisson*

Pour 4 personnes • Préparation 30 minutes • Cuisson 50 minutes
1 courge bleue de Hongrie d'environ 2 kg • 3 gros oignons jaunes • 250 g de beurre demi-sel • thym et laurier • bouillon • huile neutre • sel • **Salinù :** 100 g de noisettes • 2 g de sel fin

Beurre noisette

Faire fondre le beurre sur feu moyen et le remuer jusqu'à obtenir un beurre noisette. Laisser refroidir. Le beurre doit être complètement figé pour être mixé avec la soupe.

Salinù

Torréfier les noisettes à 150 °C pendant 20 minutes, elles doivent être légèrement dorées. Bien refroidir. Mixer grossièrement avec le sel fin. Réserver.

Soupe

Éplucher, vider la courge et la tailler en gros cubes. Ciseler grossièrement les oignons. Dans une grande casserole, faire suer les oignons avec un filet d'huile neutre, des feuilles de laurier et du thym, saler. Ajouter les cubes de courge et mouiller à mi-hauteur avec du bouillon ou de l'eau. Saler avec une pincée de gros sel. Cuire jusqu'à ce que la courge soit bien tendre. Mixer puis ajouter le beurre noisette bien froid et mixer à fond. Dresser dans des bols et saupoudrer de salinù.

ASTUCE DU CHEF

Le salinù est un condiment corse composé de noisettes torréfiées et de sel fin. Il est facile à réaliser à la maison !

Comme un tourin de brebis fermier, oignons et haddock

Clément Papillaud, *Clément artisan culinaire*

Pour 4 personnes • Préparation 20 minutes • Cuisson 20 minutes
250 g de brebis fermier • 50 cl de bouillon de légumes • 50 g de mascarpone • 5 oignons botte blancs • 200 g de pommes de terre • 150 g de haddock • 10 g de beurre • 50 g de crème crue • 1 botte de ciboulette • sel • poivre

Nettoyer les oignons et enlever la première peau, les couper en deux puis les disposer dans un sautoir, à sec dans un premier temps afin de les brûler légèrement. Lorsqu'ils sont bruns, déglacer avec un peu d'eau et de beurre afin de les cuire. Une fois fondants, les laisser tiédir, puis les séparer en pétales et réserver.

Pour faire le tourin, détailler le fromage de brebis en cubes, disposer dans un blender avec le mascarpone, puis verser le bouillon de légumes bouillant et mixe 2 minutes à fond. Assaisonner puis passer le tout au chinois.

Détailler les pommes de terre en petits cubes de 2 mm, puis les faire roussir avec un peu de beurre. Égoutter sur un papier essuie-tout. Tailler également le haddock en morceaux de 5 mm environ.

Comme un tourin de brebis fermier, oignons et haddock

Garnir les coques d'oignon de haddock et de pommes de terre croustillantes, puis en disposer 5 dans le fond de chaque assiette Au dernier moment, à table, verser le tourin.

ASTUCE DU CHEF

Le tourin est une soupe typique du Sud-Ouest habituellement confectionnée avec de l'ail, de l'oignon ou de la tomate.

Bouillon du poulet aux légumes

Stéphane Casset et Max Feret, *Le Jardin*

Pour 4 personnes
Préparation 5 minutes
Cuisson 2 heures
Carcasse et restes du poulet rôti du dimanche • 2 poireaux • 2 carottes • beurre

Mettre dans une grande casserole la carcasse de poulet et les légumes de la garniture. Recouvrir d'eau et cuire pendant 2 heures pour faire réduire. Passer le bouillon au chinois puis ajouter poireaux et carottes coupées très finement et une noix de beurre.

Velouté de lentilles au genièvre du Causse

Anthony Carballo, *La Nauve, Hôtel et Jardin*

Pour 4 personnes • Préparation 20 minutes • Cuisson 1 heure

Velouté : 400 g de lentilles • 50 g de carottes • 50 g d'oignons • 2 gousses d'ail • thym et laurier • 100 g de poitrine fumée • 200 g de crème liquide • beurre

Blanc-manger : 100 g de blanc d'œuf • 100 g de sucre • 100 g de sucre glace • 10 g de poudre de baies de genièvre du Causse

Garniture : Poitrine fumée tranchée • pain de mie • beurre huile

Faire colorer les carottes, les oignons et la poitrine finement émincés dans une casserole avec du beurre. Puis ajouter les lentilles et remplir d'eau à hauteur. Ajouter le thym et laurier et laisser cuire 45 minutes Ajouter la crème et laisser réduire encore 15 minutes Puis mixer (vous pouvez ensuite passer la soupe au chinois pour avoir une consistance très lisse).

Blanc-manger

Monter les blancs en neige avec la poudre de genièvre et les sucres puis disposer cette préparation dans des ramequins. Cuire au four à micro-ondes pendant 30 secondes à puissance moyenne.

Garniture

Tailler le pain de mie en croûtons et les cuire au beurre et à l'huile.
Tailler les poitrines tranchées en lardons et les rôtir au beurre et à l'huile.

Dressage

Dans une assiette creuse, verser le velouté, ajouter le blanc-manger et disposer en garniture quelques lardons et croûtons.

ASTUCE DU CHEF
Le blanc-manger, petite « île flottante », ajoutera un look étoilé à votre soupe.

Velouté de lentilles
au genièvre du Causse

Velouté de champignons

Jacques In'On, *Au bistrot*

Pour 8 personnes • Préparation 10 minutes • Cuisson 15 minutes
100 g de beurre • 150 g d'oignons • 800 g de champignons de Paris • 20 g d'ail • 1 l de fond blanc de volaille • 25 cl de crème liquide 35 % de MG • huile d'olive • ciboulette • 20 g de croûtons de pain • sel fin • poivre noir du moulin • huile d'olive

Faire suer au beurre les oignons émincés et l'ail haché sans coloration. Ajouter les champignons coupés en quatre. Cuire pendant 5 minutes. Mouiller à hauteur avec le fond blanc et la crème. Saler, poivrer. Laisser cuire pendant 10 minutes à feu doux.
Retirer du feu et mixer. Ajuster l'assaisonnement.
Dresser le velouté dans une assiette creuse avec les croûtons et un filet d'huile d'olive.

ASTUCE DU CHEF

Ce velouté peut se réaliser avec les champignons de votre choix !
Pour remplacer le fond blanc de volaille, vous pouvez utiliser un reste de bouillon de pot-au-feu.

Bouillon d'algue kombu, tartare de veau aux agrumes

Louis Festa, *Les Singuliers*

Pour 8 personnes
Préparation 30 minutes
Cuisson 1 heure
500 g de filet de veau local • 1 citron vert • 1 combava • 100 g d'algue kombu sèche • 10 cl de sauce soja • 10 cl de saké • 10 cl de mirin • 1 racine de gingembre • 1 c. à s. d'huile de sésame • sel • poivre

Porter 1 litre d'eau à frémissement avec l'algue kombu et le gingembre en morceaux, laisser infuser 1 heure sur le feu éteint, retirer l'algue et le gingembre, y ajouter le soja, le saké et le mirin, réserver.

Tailler finement en tartare le filet de veau. Zester les agrumes, les ajouter au tartare avec l'huile de sésame, saler et poivrer.
Déposer le tartare au fond d'une assiette creuse, verser le bouillon chaud autour.

L'ASTUCE DU CHEF

Amusez-vous pour le dressage avec des fleurs ! Ici, j'ai utilisé des fleurs de bourrache qui ont une saveur iodée.

Petit ragoût de trompettes-de-la-mort, pied de cochon et escargot

Clément Papillaud, *Clément artisan culinaire*

Pour 4 personnes
Préparation 20 minutes
Cuisson 20 minutes
300 g de pommes de terre Agata • ½ oignon • 40 cl lait entier • 300 g de crème 35 % de MG • 15 cl de vin jaune • 400 g de trompettes-de-la-mort • 1 pied de cochon désossé et cuit au bouillon • 12 escargots cuits au bouillon • 50 g de beurre • ciboulette • œufs de truite • sel, poivre, piment d'Espelette

Laver et éplucher les pommes de terre, les couper en cubes puis les faire colorer dans le beurre avec l'oignon émincé. Déglacer au vin jaune et une fois évaporé ajouter la crème et le lait, puis cuire jusqu'à ce qu'elles soient fondantes. Mixer et passer au chinois, mettre le tout dans un siphon et gazer deux fois. Réserver.

Nettoyer les trompettes, hacher le pied de cochon et les escargots au couteau. Faire suer au beurre les trompettes-de-la-mort, puis ajouter le pied de cochon et les escargots. Assaisonner et ajouter la ciboulette ciselée.

Dans le fond d'un bol, disposer le mélange trompettes-pied de cochon-escargots, puis ajouter le siphon de pommes de terre au vin jaune par-dessus et disposer des œufs de truite au-dessus.

Brebis frais rôti et lard de Bigorre

Stéphane Casset et Max Feret, *Le Jardin*

Pour 4 personnes
Préparation 5 minutes
Cuisson 15 minutes
8 bouchons de fromage de brebis mi-frais de la ferme de Daignac, à Grézillac • 8 tranches de lard de Bigorre • ½ verre de vin blanc • poivre • piment d'Espelette

Cuire les fromages au four à 180 °C pendant 10 minutes. Ajouter le vin blanc et les tranches de porc noir de Gascogne et cuire encore 6 minutes. Assaisonner avec poivre et piment d'Espelette.

Servir avec des toasts de pain grillé au four et une salade.

Ne pas hésiter à saucer et tremper !

Le Jardin *choisit du foie gras girondin. Palmagri est une coopérative qui regroupe 9 producteurs, éleveurs et gaveurs. 8 rue Partarrieu, 33124 Auros. Tél. 05 56 65 65 40.*

Petit ragoût de trompettes-de-la-mort, pied de cochon et escargot

L'œuf du *Mimosa*

Mathilde Aguerre et Mathieu Thomas, *Mimosa*

Pour 4 personnes
4 œufs • 12 crevettes cuites • 1 botte de ciboulette • 1 citron vert • sel et piment

Mayonnaise : **2 jaunes d'œufs • 1 c. à s. de moutarde de Dijon • 1 c. à s. de moutarde à l'ancienne • 1,5 cl de vinaigre de xérès • 50 cl d'huile de pépins de raisin**

Mayonnaise

Mettre les jaunes dans un cul-de-poule avec la moutarde et le vinaigre. Bien mélanger et monter le tout à l'huile.

Œufs

Cuire les œufs pendant 10 minutes dans de l'eau bouillante. Les refroidir puis les écaler en faisant attention à ne pas les casser. Les couper en deux, réserver le blanc et passer le jaune au tamis.
Décortiquer les crevettes puis les tailler en gros morceaux et les assaisonner avec la ciboulette ciselée, le jus de citron pressé, le sel et le piment.

Dressage

Dresser les crevettes dans les œufs, pocher la mayonnaise par-dessus et saupoudrer de jaunes d'œuf.

Œuf coulant aux cèpes

Anthony Carballo, *La Nauve, Hôtel et Jardin*

Pour 4 personnes • Préparation 40 minutes • Repos 30 minutes • Cuisson 35 minutes
4 œufs

Crémeux et sauce aux cèpes : 200 g de cèpes séchés • 20 g de beurre • 20 g d'échalotes • 5 cl de pineau des Charentes • 50 cl de bouillon de poule • 250 g de crème liquide

Garniture : 50 g de pain de mie • beurre • huile de tournesol • 50 g de poitrine fumée tranchée ou allumettes

Fricassée de cèpes : 400 g de cèpes • 20 g de beurre • 20 g d'échalotes • 10 g de persil haché • 10 g d'ail haché • sel • poivre

Crémeux et sauce aux cèpes

Réhydrater les cèpes séchés dans de l'eau bouillante et laisser reposer 30 minutes.

Égoutter les cèpes et réaliser la sauce : faire suer les échalotes ciselées dans une poêle avec un peu de beurre et ajouter les cèpes. Déglacer au pineau des Charentes et laisser réduire. Mouiller avec le bouillon de poule et laisser réduire de moitié. Ajouter la crème et laisser encore réduire. Passer la sauce au chinois ou dans une passoire fine. Récupérer les cèpes à part et les mixer pour faire le crémeux en ajoutant un peu de sauce pour lier.

Œufs

Cuire les œufs mollets, 5 minutes 30 dans de l'eau frémissante.

Garniture

Couper le pain de mie en cubes et le faire dorer dans une poêle avec un peu d'huile et de beurre. Tailler des petits lardons dans la poitrine et les cuire.

Fricassée de cèpes

Faire revenir des échalotes au beurre, puis ajouter les cèpes en morceaux avec l'ail et le persil sur feu vif. Assaisonner.

Dressage

Verser dans le fond de l'assiette une cuillerée de crème de cèpes, disposer l'œuf mollet ainsi que les cèpes en fricassée, couvrir généreusement de sauce et ajouter les garnitures sur le dessus. Vous pouvez aussi décorer avec des tranches fines de cèpe cru.

L'ASTUCE DU CHEF

Mettez une bonne dose de vinaigre et de sel dans l'eau de cuisson des œufs mollets. Ils seront plus faciles à écaler.

L'œuf parfait, confit d'échalotes, crème de brebis et chips de chorizo

Mathis Devaux, *Maison Devaux*

Pour 6 personnes
Préparation : 30 minutes
Cuisson : 2 h 15
6 œufs • 200 g d'échalotes • 140 g de fromage de brebis • 200 g de crème fraîche • 240 g de fond blanc ou bouillon • 1 feuille de gélatine • 1 chorizo • 50 g de beurre • 6 tranches de pain de mie • huile d'olive • sel • poivre • piment d'Espelette

Découper 12 fines tranches de chorizo, et le reste du chorizo en dés de 5 mm de côté. Cuire les tranches de chorizo 10 minutes au four à 180 °C.

Aplatir avec un rouleau à pâtisserie les tranches de pain de mie, découper à l'emporte-pièce (forme de votre choix) chaque tranche. À l'aide d'un pinceau, les imbiber d'huile d'olive, saler et poivrer et cuire 7 minutes à 180 °C au four.

Cuire les œufs dans leur coquille, au four dans un plat rempli d'eau, pendant 1 heure à 65 °C.

Éplucher et émincer les échalotes et les faire confire pendant 40 minutes dans une casserole à feu doux avec le beurre, l'huile d'olive, sel et poivre. Assaisonner avec le piment d'Espelette.

Mettre la crème et le fond blanc à bouillir, verser sur le brebis préalablement découpé, ajouter la gélatine, filtrer et laisser réduire 15 minutes à feu doux (ou si possible verser dans un siphon après l'avoir filtré, et réserver au réfrigérateur pendant au moins 2 heures).

Déposer le confit d'échalotes au fond d'un bol ainsi que les dés de chorizo. Casser délicatement l'œuf par-dessus. Napper de crème de brebis. Puis décorer avec la chips de pain et les chips de chorizo.

Tartine de butternut, foie frais et noix

Stéphane Casset et Max Feret, *Le Jardin*

Pour 4 personnes
Préparation 10 minutes
Cuisson 1 heure
4 tranches de pain de campagne rassis • 15 g de beurre • ½ butternut • 1 pincée de piment d'Espelette • quelques cerneaux de noix • 40 g de foie frais **cru** • huile d'olive • sel • piment d'Espelette

Peler le butternut, enlever les graines et le détailler en dés. Le faire revenir dans de l'huile d'olive à feu moyen. Assaisonner avec sel et piment d'Espelette. Cuire environ 1 heure jusqu'à obtenir une compotée, laisser accrocher un peu puis ajouter de l'eau quand nécessaire.
Faire revenir les tranches de pain dans du beurre sur feu moyen jusqu'à coloration.
Disposer le butternut sur les tranches puis ajouter une fine tranche de foie frais et quelques noix.

L'ASTUCE DU CHEF

C'est le goûter salé idéal ! Tout simple, juste le goût du butternut. On l'améliore avec du foie frais, on a des foies gras fabuleux dans la région ! La qualité plutôt que la quantité.

Foie gras, gelée Malbec

Pour 4 personnes • Préparation 30 minutes • Repos 24 heures • Cuisson 1 heure
400 g de foie gras cru • 6 g de sel fin • poivre du moulin • 4 cl de cognac • 4 cl de madère

Gelée de malbec
75 cl de vin rouge 100 % malbec • 1 orange • 1 citron • 5 g de cannelle • 5 g de baies de genièvre • 5 g de badiane • 50 g de miel • 10 feuilles de gélatine

Chutney aux figues
400 g de figues • 100 g d'oignons rouges • 50 g de miel • 50 cl de vinaigre de cidre

Foie gras, gelée Malbec

Anthony Carballo, *La Nauve, Hôtel et Jardin*

La veille, déveiner le foie gras et le mettre à mariner avec le sel, le poivre, le cognac et le madère.
Le lendemain, cuire le foie gras dans une terrine à 90 °C jusqu'à ce qu'il soit à 46 °C à cœur.

Gelée de Malbec

Faire chauffer le vin, les fruits en tranches, les épices et le miel. Laisser frémir 5 minutes, puis ajouter les feuilles de gélatine, trempées préalablement dans de l'eau froide.

Couler la gelée sur la terrine de foie gras et laisser prendre au froid.

Chutney aux figues

Faire chauffer les oignons avec le miel et le vinaigre puis ajouter les figues et laisser compoter.

Dressage

Tailler de belles tranches de foie gras, ajouter le chutney de figues et servir avec une brioche toastée.

Ceviche de daurade sauvage, leche de tigre et patate douce

Mathilde Aguerre et Mathieu Thomas, *Mimosa*

Pour 4 personnes
Préparation 25 minutes
Cuisson 3 h 20
2 daurades de 600 g • 2 gousses d'ail hachées • 1 botte de coriandre hachée • 1 oignon rouge émincé • 1 patate douce • le jus d'un citron vert

Leche de tigre (fumet de poisson)
1 oignon • 1 carotte • 1 branche de céleri • sel • poivre • arêtes des daurades

Envelopper la patate douce dans de l'aluminium et cuire au four à 180 °C pendant 3 heures.
Lever les filets de daurade, les désarêter et réserver les arêtes. Tailler en cubes d'1 cm.

Préparer un fumet de poisson en faisant revenir les arêtes avec oignon, carotte, céleri, puis couvrir d'eau et porter à ébullition. Passer au chinois, faire réduire pour concentrer le goût et obtenir le leche de tigre, ajuster l'assaisonnement et laisser refroidir.
Mixer la patate douce avec du sel et du piment.
Dans un saladier, mettre la daurade avec le jus de citron, l'ail, la coriandre et le leche de tigre pour obtenir comme une soupe. Bien mélanger.
Quand le poisson commence à cuire légèrement avec le citron, dresser avec un emporte-pièce et mettre un peu de bouillon autour. Puis ajouter une quenelle de patate douce sur le dessus et quelques morceaux d'oignon rouge ciselé.

Pressé de truite de *Navarre* aux herbes

Laetitia Sarthou, *Les Pipelettes*

10 personnes • Préparation 30 minutes • Repos 24 heures • Cuisson 25 minutes
2 filets de truite de 500 g • 10 feuilles de gélatine ou 20 g d'agar-agar • 20 cl de vin blanc • 1 l de bouillon de légumes • 1 kg de feuilles d'épinards • 2 œufs durs • 100 g de cornichons • 20 feuilles de persil • 20 feuilles d'estragon • 2 échalotes

La veille, mettre à tremper les feuilles de gélatine dans l'eau froide.
Faire chauffer le vin blanc dans une casserole, réduire de moitié. Ajouter le bouillon et la moitié des herbes, porter à ébullition et réduire jusqu'à obtention de 75 cl de liquide.
Hors du feu, ajouter la gélatine.
Tailler les filets de truite en bandes de 3 cm de large, les pocher dans le bouillon frémissant 1 à 2 minutes, les retirer puis les égoutter.
Mettre la gelée au froid.
Blanchir les feuilles d'épinards à l'eau bouillante puis rafraîchir et égoutter.
Hacher grossièrement les œufs durs, les cornichons et les herbes restantes, ciseler les échalotes finement, mélanger le tout.
Chemiser une terrine de 15 × 15 cm avec du film alimentaire. Tapisser le fond et les parois de feuilles d'épinards.
Quand la gelée est froide, monter la terrine en alternant filets de poisson et garniture, gelée à hauteur. Presser la terrine, réserver au froid pendant 12 h.
Démouler la terrine en gardant le film, tailler des tranches de 1,5 cm d'épaisseur.
Poser dans l'assiette, retirer le film et servir avec une petite salade.

Dos de maquereau mariné au sel et au vinaigre de mûres sauvages, fromage blanc

Cécile Chapet et Théo François, *Le Jour du poisson*

Pour 4 personnes
Préparation 25 minutes
Cuisson 2 h 30

Maquereaux marinés
2 maquereaux entre 300 et 500 g (demander à votre poissonnier de lever les filets) • sel fin • 4 c. à s. de fromage blanc fermier • 1 radis « red meat » (ou autre) • huile • poivre

Vinaigre de mûres sauvages
250 g de mûres • 150 g d'eau • 100 g de vinaigre • 50 g sucre semoule

Vinaigre de mûres sauvages

Porter à ébullition l'eau, le vinaigre et le sucre et verser sur les mûres. Mixer la préparation et filtrer à travers une mousseline. Laisser refroidir.

Maquereaux marinés

Découper les filets des maquereaux dans la longueur en suivant la ligne d'arêtes. (Nous utiliserons ici uniquement le dos des maquereaux, vous pouvez garder les ventres, partie plus grasse, pour la réalisation de rillettes.)
Saler généreusement le dos sur les deux côtés, les déposer sur une assiette au réfrigérateur pendant 2 heures.
Rincer les filets sous l'eau froide et les immerger dans la moitié du vinaigre de mûres pendant 30 minutes.
Égoutter, retirer la petite peau grise des dos et tailler en biseau.

Dressage

Tailler le radis en brunoise. Assaisonner avec un filet d'huile, du sel et du poivre. Disposer les maquereaux dans une assiette. Déposer au centre 1 cuillerée de fromage blanc et un peu de radis sur le dessus. Verser du vinaigre de mûres sur le dos.

MATHIS DEVAUX

C'était son ambition et il l'a menée à bien. Mathis Devaux a ouvert son restaurant à 25 ans. Il affiche une détermination et une assurance à toute épreuve. Après une enfance entourée de restaurateurs, parents et grands-parents, il a suivi la voie familiale. « Je sais depuis l'âge de 3 ans que je veux faire de la cuisine, assure-t-il. Ma mère et ma grand-mère ont essayé de me dire de faire autre chose… » C'était peine perdue. Le jeune cuisinier a multiplié les expériences, notamment chez le chef 3 étoiles Antoine Westermann, jusqu'à prendre son envol.

Il a fait ses classes à Montpellier et à Paris, mais a décidé d'installer son restaurant dans les Landes. « Je voulais un endroit plutôt à la campagne, pas loin de l'Océan, dans une petite maison », raconte-t-il. Avec son père, il a rénové une des plus vieilles bâtisses du village. Désormais aux manettes de la *Maison Devaux*, Mathis est libre d'imprimer sa marque, avec l'étoile dans le viseur.

• Quel est votre produit préféré du Sud-Ouest ?

Les jeunes pousses de Dakoté, à Mont-de-Marsan, qui est un jeune producteur. Leurs micropousses sont super, elles peuvent vraiment révéler un plat et apporter une longueur en bouche.

• Votre madeleine de Proust ?

J'adore les œufs parfaits. Le blanc est à peine baveux, le jaune coulant.

• Un ingrédient qui peut être le petit plus dans une recette ?

Un agrume peut révéler les notes de fond d'un plat, que ce soit en utilisant le jus, le zeste ou le segment. Ça éveille les papilles.

• Un autre restaurant de la région à conseiller ?

J'aime beaucoup aller à la *Villa Mirasol*, à Mont-de-Marsan, qui a obtenu sa première étoile l'année dernière. On y mange bien côté bistrot comme côté gastro et le cadre est magnifique.

Maquereau grillé à la flamme, pickles de moutarde, émulsion de pommes de terre et crumble parmesan

Mathis Devaux, *Maison Devaux*

Pour 6 personnes • Préparation 45 minutes • Repos 24 heures + 1 heure • Cuisson 35 minutes
3 maquereaux • 100 g de graines de moutarde • 200 g de pommes de terre Agatha • 50 g de parmesan • 50 g de farine • 100 g de beurre • 100 g de vinaigre balsamique blanc • 100 g d'eau • 100 g de sucre • 50 g de crème • 50 g de poudre d'amande • sel • poivre • piment d'Espelette • huile d'olive • origan

Mettre à bouillir le vinaigre, l'eau et le sucre. Verser le mélange sur les graines de moutarde, couvrir et laisser reposer 24 heures.
Éplucher les pommes de terre, les couper grossièrement et les mettre à cuire dans une casserole d'eau froide salée pendant 20 à 25 minutes.
Lever les filets de maquereau et les désarêter. Assaisonner les filets côté chair avec huile d'olive, sel, piment d'Espelette et origan, laisser reposer 1 heure au frais.
Mélanger la farine, 50 g de beurre, le parmesan et la poudre d'amande jusqu'à obtenir une pâte sableuse. Cuire au four 10 minutes à 180 °C en remuant toutes les 2 minutes.
Égoutter les pommes de terre, les mixer avec 50 g de beurre et la crème jusqu'à obtenir une texture onctueuse.
Égoutter les filets et les griller à l'aide d'un chalumeau 1 minute de chaque côté, en commençant par la chair et en finissant par la peau, pour un effet légèrement grillé.
Déposer la purée de pommes de terre au fond de l'assiette, mettre le filet de maquereau par-dessus, ajouter les graines de moutarde et saupoudrer de crumble parmesan.

MAISON DEVAUX
La devanture au bord de la D 41 est discrète, mais mérite le détour. Le nombre de couverts est limité dans cette ancienne maison landaise, la réservation est donc recommandée. Les intitulés des plats sont simples avec les ingrédients à l'honneur, mais les associations de saveur originales. On s'installe au comptoir pour une expérience au plus près du chef.

Pour en savoir plus rdv p. 123.

Veau vitello tonnato, salicornes et brebis fumé

Peio Nesi, *Trabenia*

Pour 4 personnes
Préparation 15 minutes
Cuisson 50 minutes
400 g de noix pâtissière de veau • 15 anchois à l'huile • 150 g de salicornes • 200 g de fromage de brebis fumé • 150 g de thon en boîte • salicornes pour le dressage • 2 jaunes d'œufs • 2 c. à s. de moutarde • sauce teriyaki • 1 citron jaune • 1 citron vert • huile d'olive • sel • piment d'Espelette

Assaisonner de sel et de piment d'Espelette la noix pâtissière de veau. La cuire au four à 130 °C pendant 50 min (ou à basse température pour les experts). La refroidir au réfrigérateur.

Sauce tonnato

Mixer les jaunes d'œufs avec la moutarde. Ajouter le thon égoutté, l'huile des anchois et le brebis fumé (en garder un peu pour le dressage). Mixer le tout. Ajouter de l'huile d'olive jusqu'à obtenir la texture d'une mayonnaise. Ajuster l'assaisonnement.

Salicornes

Dans un petit saladier, assaisonner les salicornes avec de l'huile d'olive et les jus d'un citron jaune et d'un citron vert.

Dressage

Tailler le veau en fines tranches. Disposer, au fond d'une assiette plate, la sauce tonnato, les tranches de veau et les anchois. Râper du brebis fumé. Ajouter les salicornes et un filet de sauce teriyaki.

Agnolotti aux crevettes impériales des marais, sauce au beurre citronné

Cécile Chapet et Théo François, *Le Jour du poisson*

Pour une trentaine de ravioles
Préparation 30 minutes
Cuisson 10 minutes
400 g de crevettes crues • 1 citron • mélange d'herbes de votre choix (persil, aneth, ciboulette...)

Pâte
1 œuf • 100 g de farine

Sauce au beurre
125 g de beurre demi-sel froid • 100 g d'eau • jus de citron

Crevettes

Décortiquer les crevettes crues et découper les queues en trois. Les assaisonner avec les zestes de citron et des fines herbes.

Ravioles

Pétrir l'œuf et la farine jusqu'à l'obtention d'une pâte homogène et non collante. Étaler la pâte finement et former chaque agnolotti avec un morceau de crevette à l'intérieur.

Sauce au beurre

Émulsionner le beurre froid avec l'eau portée à ébullition et assaisonner avec du jus de citron.

Cuisson et dressage

Cuire les ravioles 4 minutes dans un grand volume d'eau bouillante salée.
Débarrasser dans la sauce, dresser avec des fines herbes.

Le Jour du poisson *aime les crevettes impériales. Elles sont produites en Charente-Maritime dans les claires ostréicoles. SCEA Gilles Massé, 1 bis, route de Bellevue, 17550 Dolus-d'Oléron.*

Salade d'oreilles de cochon

Jacques In'On, *Au bistrot*

Pour 8 personnes
Préparation 10 minutes
Cuisson 3 heures
4 oreilles de cochon • 2 carottes • 1 oignon • 1 bouquet garni • gros sel • poivre en grains • 1 clou de girofle • 2 pommes de terre • salade frisée

Vinaigrette
1 c. à c. de moutarde • 2 c. à c. de vinaigre de vin rouge • 1 pincée de sel • poivre noir moulu • 4 c. à c. d'huile de tournesol

Laver les oreilles de cochon à l'eau froide. Les mettre dans une marmite, mouiller à hauteur avec de l'eau. Cuire pendant 10 minutes à feu fort. Écumer la surface. Baisser le feu à feu doux. Ajouter les carottes, l'oignon, le bouquet garni, 1 pincée de gros sel et du poivre. Laisser cuire pendant environ 2 h 30.

Cuire les pommes de terre dans le bouillon de cuisson d'oreilles pendant environ 15 minutes.

Mélanger tous les ingrédients de la vinaigrette.

Couper grossièrement les pommes de terre et les oreilles.

Servir avec la frisée et la vinaigrette.

Piquillos à la morue, sauce pil-pil, guindillas

Peio Nesi, *Trabenia*

Pour 30 piquillos
Préparation : 40 minutes
Cuisson 1 h 05
30 piquillos • 500 g de morue dessalée ou de cabillaud • 200 g de guindillas • 600 g d'huile d'olive • 150 g de sucre • 300 g de vinaigre blanc • 500 g de crème liquide entière • 450 g d'eau • 4 gousses d'ail • thym • fleur de sel • piment d'Espelette

Morue

Dessaler la morue si nécessaire. La mettre dans une grande casserole avec l'huile d'olive à hauteur, le thym et le piment d'Espelette. Laisser cuire à feu doux environ 20 minutes, jusqu'à ce que la morue rejette l'albumine dans l'huile. Retirer la morue et laisser refroidir.

Sauce pil-pil

Mixer l'albumine de la morue et ajouter au fur et à mesure l'huile d'olive de cuisson afin d'obtenir la sauce pil-pil comme une mayonnaise. Laisser refroidir.

Crème piquillos

Mettre dans une casserole les piquillos, la crème, le sel, un peu de piment d'Espelette et 2 gousses d'ail. Laisser cuire pendant environ 30 min. Mixer et ajuster l'assaisonnement.

Piquillos farcis

Émietter grossièrement la morue. Dans un saladier, mélanger la morue et la sauce pil-pil froide. Farcir les piquillos avec le mélange. Placer les piquillos dans un plat avec un filet d'huile d'olive.
Mettre au four et laisser colorer 15 min à 180 °C.

Guindillas

Dans une casserole, mélanger au fouet l'eau, le sucre et le vinaigre blanc. Porter à ébullition le mélange et verser chaud sur les guindillas dans une boîte ou un bocal. Ajouter la fleur de sel et le piment d'Espelette. Fermer le contenant et laisser refroidir.

Dressage

Au fond d'un plat, déposer la crème de piquillos et par-dessus les piquillos farcis. Arroser de sauce pil-pil et finir avec quelques guindillas.

Raviole de brandade, épinards, combava

Laetitia Sarthou, *Les Pipelettes*

Pour 4 personnes
Préparation 40 minutes
Repos 48 heures
Cuisson 30 minutes

Brandade
500 g de morue • 500 g de pommes de terre • 200 g d'épinards • 40 g de beurre • 100 g de crème • 2 combavas • 2 gousses d'ail • 1 bouquet de persil • huile d'olive

Pâte à raviole
200 g de farine • 13 cl d'eau bouillante • sel

Brandade

Faire dessaler la morue pendant 48 h en changeant l'eau de temps en temps. Faire cuire la morue et les pommes de terre à l'eau. Hacher l'ail et le persil.
Égoutter la morue et les pommes de terre, puis écraser le tout, ajouter l'ail et le persil et un peu d'huile d'olive.

Raviole

Faire bouillir l'eau, mettre la farine dans un saladier avec le sel, verser l'eau au fur et à mesure en mélangeant. Une fois que la pâte a formé de gros grumeaux, arrêter de verser l'eau, pétrir, former une belle boule, filmer, laisser poser pendant 40 minutes.
Étaler finement la pâte au rouleau de laminoir en farinant afin que ça ne colle pas. Détailler des cercles de 8 cm. Placer une cuillère de brandade au centre.
Humidifier les bords, replier la raviole sur elle-même afin d'obtenir une demi-lune. Presser soigneusement les bords pour bien la fermer.
Faire cuire les ravioles dans une eau salée pendant 1 min 30.

Purée d'épinards

Faire blanchir les épinards pendant 1 min, puis rafraîchir dans l'eau glacée pour garder la couleur. Faire bouillir la crème, le beurre, le sel, puis ajouter les épinards. Mixer le tout et ajouter le zeste des combavas.

Dressage

Dans une assiette creuse, disposer 2 cuillères à soupe de purée d'épinards, déposer la raviole au centre et accompagner de girolles sautées.

Courgettes, crème de feta, condiment olive et citron confit, crème d'ail

Gary Village, ***Déméter***

Pour 4 personnes
Préparation 30 minutes
Cuisson 30 minutes
4 courgettes • thym frais • huile d'olive • fleur de sel • poivre • piment d'Espelette

Crème de feta
200 g de feta • 20 cl crème liquide 35 % de MG

Condiment olive, citron confit
70 g d'olives vertes dénoyautées • 1 citron confit • 1 citron jaune • 6 brins d'aneth • 2 échalotes • huile d'olive • sel • poivre

Crème d'ail
100 g d'ail • huile d'olive • thym • laurier • romarin

Préchauffer le four à 180 °C. Couper les courgettes en deux dans le sens de la longueur et quadriller la chair. Sur une plaque recouverte de papier sulfurisé, disposer les courgettes côté peau, saler, poivrer, saupoudrer d'une bonne pincée de piment d'Espelette, arroser d'huile d'olive et ajouter le thym frais. Mettre au four 10 minutes puis réserver.
Égoutter et tailler la feta en cubes grossiers. La mixer avec la crème jusqu'à l'obtention d'une consistance lisse.
Tailler les olives en deux. Ajouter le zeste et le jus du citron jaune, l'aneth, les échalotes émincées. Tailler en brunoise le citron confit. Mélanger l'ensemble et recouvrir d'huile d'olive.
Disposer les gousses d'ail pelées dans une casserole et recouvrir d'huile d'olive. Ajouter les herbes aromatiques Faire frémir à très petit feu pendant 20 minutes environ.
Mixer les gousses confites avec un peu d'huile de cuisson jusqu'à obtenir une texture lisse.
Dresser la crème de feta, les courgettes, le condiment olive et la crème d'ail.

L'ASTUCE DU CHEF
Cette recette respire le Sud ! Vous pourrez aussi utiliser le condiment olive et la crème d'ail avec une viande blanche ou un poisson grillé.

Fleur de céleri au beurre de miso et anguille fumée

Clément Papillaud, *Clément artisan culinaire*

Pour 4 personnes
Préparation 40 minutes
Cuisson 1 h 30
1 céleri-rave • 120 g d'anguille fumée • 30 g de miso brun • 350 g de beurre • 50 g de beurre pommade • 4 œufs • 40 g de crème liquide • 1 jus de citron • 50 g de noisettes hachées • 50 g de farine T55 • 20 g de sarrasin torréfié • 20 g de sucre roux • fleur de sel, poivre du moulin

Réaliser un beurre noisette avec 350 g de beurre, cuire jusqu'à atteindre une coloration châtain (150 °C) puis filtrer et laisser tiédir.
Mixer les œufs avec 200 g du beurre noisette tiédi, la crème liquide et le jus de citron. Assaisonner puis filtrer à l'aide d'un chinois étamine et mettre le sabayon dans un siphon en gazant deux fois. Mettre ce siphon 1 heure à 65 °C en le secouant de temps en temps.
Réaliser le sable noisette/sarrasin en mélangeant le beurre pommade avec les noisettes hachées, la farine, les graines de sarrasin torréfiées, le sucre roux et une pincée de sel et de poivre. Étaler sur une plaque à pâtisserie et cuire à 150 °C pendant 20 minutes.
Mixer le restant du beurre noisette et le miso brun puis réserver à température ambiante.
Peler le céleri-rave à vif à l'aide d'un couteau, puis à la trancheuse à jambon (une mandoline à défaut) tailler 24 tranches d'1 cm d'épaisseur, les disposer à plat et les cuire 3 minutes à la vapeur.

Dressage

À l'aide d'un pinceau, enduire les feuilles de céleri encore chaudes de beurre de miso, puis à raison de 6 feuilles par personne former une forme de fleur dans chaque assiette. Disposer une dizaine de morceaux d'anguille fumée dans les interstices de la fleur, mettre ½ cuillère à soupe de sable de noisette sur le dessus, puis, au dernier moment, versez une généreuse cuillère de sabayon.

Céleri-rave rôti en croûte de sel, crème crue tiède, persillade et œufs de truite

Louis Festa, *Les Singuliers*

Pour 8 personnes
Préparation 15 minutes
Cuisson 1 h 30
1 céleri • 2 kg de gros sel gris de l'île de Ré • 250 g de crème crue fermière • 1 botte de persil • 50 g d'œufs de truite (de Neuvic) • 3 têtes d'ail

Laver le céleri et laisser la peau. Le placer dans un récipient à bord haut, puis le recouvrir entièrement de gros sel. Cuire au four à 150 °C pendant 1 h 30. Le piquer pour s'assurer de la cuisson.

Écraser et hacher les têtes d'ail, hacher le persil, faire tiédir la crème en casserole, y ajouter le mélange ail et persil, les œufs de truite, poivrer légèrement.

Tailler de fines tranches de céleri, disposer dans une assiette et recouvrir généreusement de crème tiède.

Rouleaux de courge potimarron marinés au vinaigre de riz, crème et chips de châtaignes

Louis Festa, *Les Singuliers*

Pour 8 personnes
Préparation 25 minutes
Repos 10 minutes
Cuisson 25 minutes
1 potimarron • 500 g de brisures de châtaignes • 1 l d'huile de pépins de raisin • 1 échalote • 500 g de crème liquide • 20 cl de vinaigre de riz • 8 châtaignes entières • sel • poivre

Crème de châtaignes

Couper finement l'échalote, la faire suer dans une casserole, y ajouter les brisures de châtaignes, laisser colorer quelques minutes. Ajouter la crème et faire cuire à feu doux pendant 10 minutes, passer au mixeur, assaisonner et réserver au chaud.

Chips de châtaignes

Faire chauffer l'huile de pépins de raisin dans une casserole ou dans une friteuse. Éplucher et tailler en fines lamelles les châtaignes fraîches, les plonger dans l'huile chaude, attendre une légère coloration puis égoutter sur papier et saler aussitôt, réserver.

Rouleaux de potimarron

Faire chauffer le vinaigre de riz dans une casserole. Éplucher le potimarron, le couper en deux, l'épépiner, tailler de fines lamelles dans la longueur puis les ranger à plat sur une plaque, verser le vinaigre de riz chaud dessus, laisser mariner pendant 10 minutes Égoutter les lamelles et les rouler en escargot sur elles-mêmes. Dans une assiette creuse, verser la crème de châtaignes et disposer les rouleaux de courge, parsemer de chips de châtaignes.

Les plats

Poireaux, caramel d'olives, pickles d'oignons, herbes du jardin

Poireaux, caramel d'olives, pickles d'oignons, herbes du jardin

Peio Nesi, *Trabenia*

Pour 4 personnes
Préparation 20 minutes
Repos 2 heures
Cuisson 45 minutes
4 poireaux • 300 g d'olives noires dénoyautées • 200 g de vinaigre blanc • 250 g de sucre • 300 g d'eau • 1 oignon rouge • vinaigre • thym • herbes • croûtons • sel

Poireaux

Ne garder que le blanc du poireau et faire une petite incision tout du long sans le transpercer. Le faire tremper dans de l'eau avec un peu de vinaigre blanc. Tailler des tronçons de taille égale. Disposer du papier cuisson dans une poêle. La faire chauffer avec un filet d'huile olive. Faire colorer les poireaux d'un côté, les retourner et les placer au four à 180 °C pendant 10 minutes.

Caramel d'olives

Dans une casserole, faire chauffer 50 g de sucre et réaliser un caramel blond. Ajouter les olives ainsi que le jus des olives. Laisser cuire pendant environ 20 minutes. Mixer le tout.

Pickles

Éplucher et tailler les oignons rouges en rondelles. Dans une casserole, mélanger l'eau, le sucre restant et le vinaigre et porter à ébullition. Verser le mélange chaud sur les oignons dans un bocal. Ajouter 1 pincée de sel. Fermer le contenant à chaud. Laisser refroidir au réfrigérateur.
Appliquez-vous pour le dressage ! Ça sera joli et appétissant.

Gnocchis de butternut au vieux rodez

Anthony Carballo, *La Nauve, Hôtel et Jardin*

Pour 4 personnes • Préparation 20 minutes • Cuisson 1 heure
Gnocchis : 700 g de butternut • 200 g de farine • 1 jaune d'œuf • sel fin • poivre du moulin • 75 g de vieux rodez râpé.

Sauce vierge : 100 g de noisettes concassées • 100 g d'huile de noisette • 100 g de pousses d'épinard • 100 g de vieux rodez • 300 g d'huile olive au citron

Gnocchis

Cuire le butternut au four 1 heure à 180 °C. Égoutter la pulpe et la mélanger délicatement avec les autres ingrédients, sans trop travailler la pâte.
Réaliser un long rouleau de pâte et couper des morceaux d'environ 2 cm, puis rouler les gnocchis sur le dos d'une fourchette pour obtenir un effet strié.
Cuire dans un grand volume d'eau bouillante salée. Les gnocchis sont cuits quand ils remontent à la surface.

Dressage

Mélanger les ingrédients de la sauce vierge et en napper les gnocchis.

Céleri rôti entier, café, citron et câpres

Clément Papillaud, *Clément artisan culinaire*

Pour 4 personnes • Préparation 20 minutes • Cuisson 3 heures
1 céleri-rave entier • 400 g de gros sel • 2 jaunes d'œufs • 1 jus de citron • 50 g d'eau • 150 g de beurre noisette • 1 citron jaune • 10 g de café moulu • 50 g de câpres • ciboulette ciselée • 1 trentaine de croûtons • sel • poivre

Céleri

Tapisser un plat avec du gros sel et y déposer le céleri. Cuire à four chaud 180 °C pendant environ 3 heures selon la taille du céleri. Il doit être fondant.

Sabayon

Dans une casserole, mettre les jaunes d'œufs, le jus de citron et l'eau, fouetter à une température d'environ 50 °C (vous ne devez pas vous brûler la main en touchant la casserole) jusqu'à obtention d'un sabayon, puis monter le tout au beurre noisette. Ajouter alors le café moulu et assaisonner.

Dressage

Découper le chapeau du céleri, puis creuser à la cuillère de jolis morceaux pour les déposer ensuite dans les assiettes, recouvrir généreusement du sabayon au café et ajouter câpres, croûtons et ciboulette ciselée.

L'ASTUCE DU CHEF

Pour réussir votre sabayon, fouettez tout au long de la cuisson, avec un mouvement en 8. Le but est d'éviter de faire une omelette !

Anolini ricotta, noisette et estragon, sauce tomate de l'été

Cécile Chapet et Théo François, *Le Jour du poisson*

Pour 4 personnes • Préparation 45 minutes • Repos 12 heures • Cuisson 30 minutes
Pour la pâte, voir la recette des agnolotti page 29 : 1 botte d'estragon • 40 g de noisettes • parmesan • sauce tomate maison ou 1 kg de tomates fraîches en saison • sel fin • poivre
Ricotta maison : 2 l de lait entier • 100 g de vinaigre blanc • sel (ou 400 g de ricotta du commerce)

Faire chauffer le lait entier sur feu moyen jusqu'à 92 °C, verser le vinaigre, mélanger et couvrir. Laisser cailler pendant 20 minutes et passer à travers une mousseline. Égoutter au réfrigérateur pendant une nuit.

Torréfier les noisettes à 150 °C pendant 20 minutes, elles doivent être légèrement dorées. Bien refroidir puis mixer en poudre. Effeuiller l'estragon et le ciseler finement.

Récupérer la ricotta et saler avec la quantité égale à 1 % du poids du fromage obtenu.
Mélanger à l'aide d'une maryse la ricotta salée, l'estragon et la poudre de noisettes. Réserver en poche à douille.

Étaler la pâte finement, déposer un peu de farce en laissant un espace entre chaque. Déposer une autre bande de pâte par-dessus. Détailler à l'aide d'un emporte-pièce.
Faire chauffer la sauce tomate dans une poêle, ou, en saison, couper des tomates fraîches en deux et râper la chair dans la poêle avec un filet d'huile d'olive, saler et poivrer.
Cuire les anolini dans une eau bouillante salée pendant 4 minutes. Les transférer dans la poêle avec la sauce tomate.
Dresser l'assiette et saupoudrer de parmesan.

100 % lentilles vertes

Louis Festa, *Les Singuliers*

Pour 4 personnes
Préparation 25 minutes
Cuisson 2 heures
300 g de lentilles vertes du Lot-et-Garonne • 800 g de crème liquide • 1 l de bouillon de volaille • 100 g de parmesan • 100 g de beurre • 100 g d'huile neutre • 1 échalote • 1 tête d'ail • 1 verre de blanc sec • sel • poivre

Dans une sauteuse, faire suer l'échalote finement ciselée dans un filet d'huile avec la tête d'ail juste écrasée. Ajouter les lentilles et les faire suer à feu doux, déglacer avec le vin et mouiller en plusieurs fois avec le bouillon jusqu'à ce que les lentilles soient cuites.
Placer 100 g de lentilles cuites sur une plaque recouverte de papier sulfurisé et les faire sécher au four pendant 2 h à 120 °C.

Porter à ébullition 400 g de lentilles cuites avec la crème liquide, mixer et assaisonner. Placer dans un siphon avec 2 cartouches de gaz et réserver au chaud.
Avec le reste des lentilles cuites, monter un risotto au beurre et au parmesan, assaisonner le tout. Si besoin, ajouter un peu de bouillon pour ajuster la consistance.
Faire chauffer de l'huile neutre dans une casserole, y ajouter d'un coup les lentilles sèches passées dans le four, égoutter dès qu'elles sont soufflées et réserver.
Dans une assiette creuse, placer le risotto dans le fond, recouvrir avec le siphon de lentilles et parsemer de lentilles soufflées.

L'ASTUCE DU CHEF

Au restaurant, on ajoute du caviar, mais cette recette fonctionne aussi très bien sans !

Croustillant de shiso, cerfeuil tubéreux

Laetitia Sarthou, *Les Pipelettes*

Pour 4 personnes
Préparation 10 minutes
Cuisson 15 minutes
4 cerfeuils tubéreux • 12 grandes feuilles de shiso • vinaigre • sel • poivre • huile de sésame

Peler et cuire les cerfeuils au four à 160 °C ou à la vapeur pendant 10 minutes. Les couper en petits morceaux et assaisonner avec huile, sel, poivre, vinaigre.

Farcir la feuille de shiso avec le tartare de cerfeuil et replier.

Faire gratiner au four 2 minutes à 180 °C.

Disposer dans l'assiette les feuilles de shiso farcies et réassaisonner avec huile de sésame et vinaigre.

Décorer avec quelques fleurs de saison, (bourrache, fenouil…).

Chou-fleur adouci au chocolat blanc, girolles poêlées et huile de noisette

Mathis Devaux, *Maison Devaux*

Pour 4 personnes
Préparation 20 minutes
Repos 24 heures
Cuisson 25 minutes
2 choux-fleurs blancs • 1 chou-fleur rouge • 1 chou-fleur jaune • 100 g de chocolat blanc • 200 g de girolles • 100 g de noisettes • 1 l de lait • 100 g de vinaigre balsamique blanc • 100 g de sucre • 100 g d'eau • huile de noisette • huile d'olive • beurre • sel • poivre

Détailler les sommités des choux-fleurs blancs, rouge et jaune.

Faire bouillir le vinaigre balsamique blanc avec le sucre et l'eau, verser sur le chou-fleur rouge et laisser reposer 24 heures dans un bocal fermé hermétiquement (à conserver au frais après ouverture).

Faire cuire le chou-fleur blanc dans le lait légèrement salé pendant 10 minutes à feu moyen, puis mixer avec le chocolat blanc. Ajouter un filet d'huile de noisette, saler et poivrer.

Concasser les noisettes. En faire griller une moitié à la poêle pour le dressage et réserver l'autre moitié pour la poêlée de girolles.

Blanchir 3 minutes dans de l'eau bouillante salée les sommités de chou-fleur jaune, puis les laisser refroidir.

Nettoyer et poêler les girolles avec un trait d'huile d'olive, ajouter le chou-fleur jaune et les noisettes concassées. Bien griller puis ajouter une pointe de beurre, sel et poivre.

Étaler dans le fond de l'assiette la purée de chou-fleur au chocolat blanc. Déposer par-dessus la poêlée de choux et de girolles et les pickles de chou-fleur rouge. Puis saupoudrer de noisettes.

Maki de céleri et quinoa au citron confit, herbes fraîches, avocat et agrume

Mathilde Aguerre et Mathieu Thomas, *Mimosa*

Pour 4 personnes
Préparation 30 minutes
Cuisson 15 minutes
1 céleri boule • 200 g de quinoa • 1 citron confit • 1 botte de coriandre • 1 botte d'aneth • 1 oignon rouge • 1 avocat • 1 citron vert • 1 tangélo • huile d'olive • sel • poivre

Cuire le quinoa dans une casserole d'eau salée pendant 12 minutes. Bien égoutter et laisser refroidir.

Assaisonner le quinoa avec les herbes hachées, la peau du citron confit en petite brunoise et l'oignon ciselé. Ajouter de l'huile d'olive, du sel et du piment. Réserver.

Éplucher le céleri boule, le diviser en 4 et le passer à la mandoline pour obtenir de longues feuilles fines. Les blanchir 3 minutes puis les plonger dans une eau glacée. Une fois refroidies, égoutter et bien éponger.

Mixer l'avocat en morceaux avec le jus du citron vert jusqu'à obtenir une purée lisse. Peler à vif le tangélo et récupérer les suprêmes. Mettre le céleri en quinconce sur du film étirable, placer le quinoa au centre et faire un rouleau bien serré. Tailler des makis de 4 cm de hauteur, retirer le film. Faire quelques points avec le guacamole acidulé et ajouter les segments de tangélo.

L'ASTUCE DU CHEF

Le tangélo est un agrume de la taille d'une petite orange issu du croisement du pomélo et de la mandarine.

Aubergines en tempura, sauce yaourt

Stéphane Casset et Max Feret, *Le Jardin*

Pour 4 personnes
Préparation 10 minutes
Cuisson 5 minutes
2 aubergines noires • 1 bain d'huile de friture • fleur de sel

Mélange tempura : 50 g de Maïzena • 50 g farine de blé • 50 g d'eau fraîche

Sauce fond de frigo : 2 yaourts nature • 1 c. à café de moutarde • les zestes et le jus d'un citron • 1 filet d'huile d'olive

Couper les aubergines dans la longueur en fines tranches.
Préparer le tempura en mélangeant les ingrédients.
Tremper les tranches d'aubergines dans le mélange.
Faire chauffer de l'huile dans une friteuse ou une poêle. La cuisson est rapide, il suffit de quelques minutes. Ne pas hésiter à remuer pour avoir une cuisson homogène.
Égoutter sur du papier absorbant et parsemer de fleur de sel.
Mélanger les ingrédients de la sauce fond de frigo.
Dresser les aubergines et la sauce.

L'ASTUCE DU CHEF

Soyez créatifs pour la sauce, utilisez ce que vous avez sous la main. Tout est possible : sauce tartare, mayonnaise avec du miel ou du concentré de tomate, sauce cocktail…

Curry d'aubergine, pois chiches croustillants, herbes fraîches

Gary Village, *Déméter*

Pour 4 personnes
Préparation 20 minutes
Cuisson 40 minutes

Curry d'aubergine
4 aubergines • 4 tomates • 2 oignons • 4 gousses d'ail • 50 g de gingembre frais • 100 g de pois chiches cuits • 1 piment frais • 20 g de graines de moutarde • 50 g de garam masala • 25 g de cumin en poudre • 20 g de curcuma • ghee (beurre clarifié)

Pois chiches croustillants
200 g de pois chiches cuits • cumin • paprika • curry • fleur de sel • huile d'olive • fleur de sel

Sauce raïta
1 yaourt grec • ½ concombre • 2 tomates • 1 gousse d'ail • le jus d'½ citron • menthe

Curry d'aubergine

Au mixeur, faire une pâte avec l'oignon, le piment, le gingembre et l'ail.
Faire revenir à la poêle les graines de moutarde et le cumin environ 30 secondes, puis ajouter la pâte et poursuivre la cuisson pendant 2 minutes. Ajouter les tomates, le curcuma et le garam masala. Couvrir et laisser mijoter pendant 10 minutes environ, jusqu'à ce que la sauce épaississe. Ajouter les aubergines coupées en cubes d'environ 2 cm. Les faire revenir 2-3 minutes puis ajouter de l'eau à hauteur. Couvrir et laisser cuire pendant environ 30 minutes. Ajouter ensuite les pois chiches et poursuivre la cuisson pendant encore 15-20 minutes pour réduire la sauce.

Pois chiches croustillants

Rincer et égoutter les pois chiches, éponger pour bien les sécher. Ajouter l'huile d'olive, puis les épices, mélanger. Cuire au four à 200 °C pendant 10 minutes puis 180 °C pendant 15 à 20 minutes. Surveiller la fin de la cuisson et ajouter de la fleur de sel.

Sauce raïta

Râper le concombre et la tomate et laisser égoutter. Râper l'ail et hacher la menthe. Mélanger l'ensemble avec le yaourt.

L'ASTUCE DU CHEF

Le curry d'aubergine est un plat à la fois goûtu, réconfortant et nourrissant. Il s'accompagne à merveille d'un riz aux fruits secs et la sauce raïta vient adoucir et rafraîchir son côté épicé.

Épaule d'agneau du Quercy confite

Anthony Carballo, *La Nauve, Hôtel et Jardin*

Pour 4 personnes
Préparation 20 minutes
Cuisson 8 heures
1 épaule d'agneau • 50 g d'huile tournesol • 200 g d'oignons • 200 g de carottes • 20 g d'ail • 10 g de thym • 10 g de laurier • 200 g de céleri branche • 50 g de concentré de tomate • sel

Garniture et sauce
200 g d'abricots secs • 200 g de figues séchées • 50 g de citron confit • 200 g de pruneaux

Faire colorer l'épaule d'agneau dans une poêle chaude avec l'huile. Ajouter la garniture aromatique – oignons, carottes, ail, céleri, thym et laurier – et colorer à feu vif. Transvaser dans un plat puis couvrir d'eau à hauteur. Laisser cuire 8 heures à 140 °C.

Le lendemain, sortir l'épaule d'agneau du bouillon, désosser sans déstructurer l'épaule et réserver. Passer le jus au chinois étamine et réduire celui-ci jusqu'à l'obtention d'une sauce très nappante en le dégraissant, c'est-à-dire en enlevant le gras qui remonte à la surface.

Tailler en brunoise la garniture de la sauce et réserver.

Réchauffer l'épaule au four à 160 °C en glaçant celle-ci avec la sauce nappante et servir la sauce restante à part avec la garniture.

Ris de veau, pommes de terre à la graisse de canard, carpaccio de cèpes

Stéphane Casset et Max Feret, *Le Jardin*

Pour 4 personnes • Préparation 30 minutes • Repos 3 heures • Cuisson 1 h 30
4 cœurs de ris de veaux • 8 pommes de terre Agata • graisse de canard • beurre • 100 g de jeunes cèpes frais • 2 gousses d'ail • 1 l de court-bouillon (poireaux, oignons, thym, carotte, laurier, céleri branche et sel) • vin blanc • jus de citron • gros sel • farine • huile • huile de noisette • fleur de sel • poivre

Peler les pommes de terre et les couper en fines tranches à la mandoline ou au couteau. Ne pas les rincer, il faut garder l'amidon.
Faire chauffer un peu de graisse de canard dans une poêle sans qu'elle soit fumante puis ajouter les pommes de terre. Une fois qu'elles commencent à dorer, les oublier un peu sur feu doux pour qu'elles accrochent au fond. Remuer de temps en temps. Attendre qu'une partie colmate et qu'elles soient moelleuses à l'intérieur et croustillantes à l'extérieur. Ajouter une noix de beurre, les gousses d'ail et laisser cuire encore quelques minutes. Assaisonner avec fleur de sel et poivre.
Faire dégorger les cœurs de ris de veau dans de l'eau froide avec du gros sel pendant 2 heures. Les égoutter et les cuire dans le court-bouillon 45 minutes à petite ébullition.
Égoutter et mettre à refroidir 1 heure au réfrigérateur pour retrouver la fermeté.
Tailler en morceaux identiques et rouler dans la farine.
Faire chauffer une huile neutre dans une poêle sur feu moyen. Marquer les morceaux de ris de veau pour obtenir une caramélisation, ajouter une noix de beurre, un trait de vin blanc et du citron et lustrer la viande. Réduire la sauce jusqu'à obtenir une consistance sirupeuse.
Faire un carpaccio de jeunes cèpes bouchons et l'assaisonner avec du sel et de l'huile de noisette. Dresser les pommes de terre, le ris de veau et le carpaccio de cèpes.

Ris de veau aux langoustines, carottes des sables et bisque langoustine

Mathilde Aguerre et Mathieu Thomas, *Mimosa*

Pour 4 personnes • Préparation 40 minutes • Cuisson 2 h 30

Ris de veau : 750 g de pomme de ris de veau • 1,5 kg de parures de veau • 1 oignon • 2 carottes • 5 gousses d'ail • 1 branche de thym • 30 cl de bouillon de volaille • huile de tournesol et d'olive • beurre demi-sel • sel • poivre

Langoustines : langoustines • 1 échalote • 1 bâton de citronnelle • 1 gousse d'ail • 1 carotte • 10 cl de cognac • 10 g de concentré de tomate • 50 cl de bouillon de volaille • 25 cl de crème liquide • huile d'olive • sel, piment d'Espelette

Carottes : 8 carottes des sables • 50 g de beurre demi-sel • sel • piment d'Espelette • huile d'olive

Immerger les ris de veau dans une casserole d'eau et porter à ébullition. Blanchir 3 minutes après l'ébullition. Transférer dans un saladier rempli d'eau froide et de glaçons. Éplucher et réserver au frais.

Jus de veau

Faire colorer les parures de veau avec de l'huile de tournesol, ajouter la garniture aromatique (oignon, carotte, ail). Couvrir d'eau et dégraisser au fur et à mesure. Cuire pendant 1 heure puis passer au chinois et réduire.

Bisque langoustine

Décortiquer les langoustines et les réserver au frais. Colorer les têtes dans l'huile d'olive et ajouter la garniture aromatique (échalote, ail, carotte, citronnelle) et le concentré de tomate. Flamber au cognac. Mouiller au bouillon. Cuire pendant 1 heure et passer au chinois. Réduire à glace puis ajouter la crème.

Carottes

Cuire les carottes en morceaux dans une casserole d'eau salée pendant 20 minutes puis les écraser en purée avec beurre, sel et piment d'Espelette.

Dressage

Faire rissoler les ris de veau au beurre demi-sel et snacker les langoustines dans de l'huile d'olive.
Déposer en fond d'assiette la purée de carottes. Dresser les ris de veau et les langoustines nacrées. Ajouter le jus de veau. Émulsionner la bisque langoustine et déposer l'écume.

Ris de veau aux champignons

Laetitia Sarthou, *Les Pipelettes*

Pour 6 personnes
Préparation 40 minutes
Cuisson 50 minutes
500 g de ris de veau • 1 carotte • 1 poireau • 4 oignons • 40 g de farine • huile ou graisse de canard • 100 g de champignons (cèpes, pleurotes ou champignons de Paris) • 2 l d'eau • sel, poivre

Nettoyer les ris de veau.
Préparer un bouillon avec carotte, poireau, 1 oignon émincés, sel, poivre et faire bouillir. À ébullition, cuire les ris de veau 20 à 30 minutes, puis les retirer et réserver. Passer le bouillon au chinois.

Tailler les 3 oignons restants en petits dés très fins. Les faire revenir tout doucement dans une cocotte à l'huile ou graisse de canard jusqu'à coloration. Incorporer la farine et remuer tout en versant petit à petit le bouillon. Cela doit créer une sauce nappante. Faire frémir et assaisonner si besoin.
Couper les ris de veau en tranches et les mettre dans la sauce. Cuire 10 minutes à feu doux.
Cuire les champignons et incorporer aux ris de veau.
Servir.

L'ASTUCE DU CHEF
C'est la recette de ma grand-mère, il y en a comme ça qu'on ne touche pas ! Pour la réussir, il faut simplement prendre le temps.

Veau à l'abricot et patate douce

Mathis Devaux, *Maison Devaux*

Pour 6 personnes
2 filets de veau • 3 patates douces • 1 l de lait • chutney d'abricots • romarin • beurre • jus de poulet • miel • huile d'olive • sel • poivre • piment d'Espelette

Parer le filet pour enlever l'excédent de gras et le nerf. Assaisonner de sel fin, puis enduire d'huile d'olive et de miel. Placer une branche de romarin sur chaque filet de veau. Poser sur une grande feuille de film plastique pour cuisson, bien serrer le premier tour et continuer à rouler serré jusqu'à la fin, tortiller les extrémités. Enrouler dans deux autres films. Cuire à l'eau bouillante 7 minutes (pour arriver à 57 °C à cœur), puis mettre au frais.

Éplucher les patates douces, couper la plus belle en tranches fines à la mandoline pour les chips. Découper la moitié des patates restantes en cubes d'1 cm de côté pour les faire sauter.

Découper le reste en gros cubes et ajouter les chutes des autres dans une casserole, recouvrir de lait, saler, cuire à frémissement 15 minutes. Retirer avec une écumoire, mixer avec un trait d'huile d'olive au Thermomix ou au mixeur plongeant pour obtenir une texture très fine. Assaisonner de piment d'Espelette.

Mettre les cubes de patate douce dans l'eau bouillante salée 5 minutes, retirer à l'écumoire, plonger dans un saladier d'eau glacée pour arrêter la cuisson.

Dans une friteuse, chauffer l'huile à 160 °C. Plonger les tranches de patates douces environ 2 minutes, jusqu'à coloration dorée. Retirer à l'écumoire, poser sur un papier absorbant et saler.

Retirer le filet de veau de son film : couper les nœuds sur les côtés, inciser sur le dessus. Dans une poêle, faire chauffer un peu d'huile d'olive et une noisette de beurre, griller à feu moyen jusqu'à une belle coloration sur toutes les faces, environ 6 minutes. À mi-cuisson, ajouter les cubes de patates douces pour les faire dorer, lier avec une cuillerée de jus de poulet. Découper en quatre tronçons.

Pour un joli dressage, faire une virgule de purée, déposer une cuillerée de cubes de patates douces, un morceau de veau, le chutney d'abricots, un peu de jus, assaisonner de piment d'Espelette. Puis disposer les chips et une branche de romarin.

« Spezzatino con le patate » sauté de veau aux pommes de terre

Gary Village, *Déméter*

Pour 4 personnes
Préparation 15 minutes
Cuisson 1 heure
800 g de sauté de veau (quasi ou épaule de préférence) • 400 g de pommes de terre • 300 g de tomates concassées • 300 g d'eau • 15 cl de vin blanc • 1 oignon jaune • romarin • sauge • bouillon de viande • beurre • huile d'olive vierge extra • sel • poivre

Dans une cocotte en fonte ou une casserole à fond épais, faire fondre un mélange beurre-huile d'olive. Saisir la viande, puis réserver avec le jus de cuisson.
Dans la même casserole, faire revenir l'oignon émincé. Dès qu'il colore, ajouter la viande avec son jus et mélanger. Verser le vin et laisser évaporer. Ajouter ensuite les herbes, puis la sauce tomate et mouiller au bouillon (ou à l'eau). Porter à frémissement puis laisser mijoter couvert à feu doux 30 minutes.
Ajouter les pommes de terre coupées en morceaux et poursuivre la cuisson 30 minutes.
Au bout d'1 heure de cuisson (voire 1 h 30 en fonction de la viande, du feu et de la casserole), vérifier la cuisson, la viande doit être bien tendre.
Ajuster l'assaisonnement puis servir chaud avec des herbes fraîches ciselées.

ASTUCE DU CHEF

Ce plat réconfortant, parfumé et convivial, simple à réaliser, sera parfait pour vos grandes tablées. Comme tout plat mijoté, il sera encore meilleur s'il est préparé la veille.

Daube de bœuf de mon enfance

Laetitia Sarthou, *Les Pipelettes*

Pour 6 personnes
Préparation 20 minutes
Cuisson 2 heures
1,5 kg de bec d'oie (bœuf) : • 75 cl de vin rouge • 3 carottes • 1 oignon • 4 c. à s. de graisse de canard ou d'huile • 2 c. à s. de farine • sel • poivre • thym

Détailler la viande en morceaux, réserver.
Éplucher les carottes et l'oignon, couper les carottes en rondelles et l'oignon en petits dés.
Faire revenir la viande dans une cocotte avec de la graisse de canard ou de l'huile jusqu'à coloration dorée. Retirer.
Dans les sucs de la viande, faire revenir l'oignon et les carottes, singer avec la farine (faire un roux) puis verser le vin rouge. Ajouter le thym, puis les morceaux de viande, et assaisonner.
Couvrir et laisser mijoter à feu doux pendant 2 heures.

L'ASTUCE DU CHEF

Plus cette recette bon marché est réchauffée, meilleure elle est ! On peut utiliser les restes de viande pour faire des lasagnes, par exemple.

Estouffade de joue de bœuf

Jacques In'On, *Au Bistrot*

Pour 8 personnes
Préparation 15 minutes
Cuisson 2 h 30
2,5 kg de noix de joue de bœuf • 50 g d'huile • 200 g de carottes • 200 g d'oignons • 60 g de farine • 1 bouquet garni • 2 gousses d'ail • 75 cl de vin rouge • 80 cl de fond brun de veau • sel • poivre

Accompagnement
450 g de chou vert • 400 g de navets • 400 g de pommes de terre • 400 g de carottes • 400 g de panais • sel • poivre

Parer et couper la viande en morceaux, ainsi que les carottes et les oignons. Faire rissoler la viande dans une cocotte avec de l'huile d'olive. Ajouter carottes et oignons.
Ajouter la farine, mélanger, mouiller avec le vin rouge et le fond de brun de veau. Ajouter les gousses d'ail hachées et le bouquet garni. Saler et poivrer, puis cuire l'estouffade à couvert au four pendant 2 heures à 2 h 30.

Accompagnement

Effeuiller le chou vert. Peler et couper en morceaux navets, carottes, pommes de terre, panais et les faire cuire au four pendant 20 minutes à 180 °C.
Blanchir les feuilles de chou vert dans l'eau bouillante salée pendant 3 minutes et les rafraîchir dans de l'eau bien glacée.

Dressage

Servir l'estouffade dans une cocotte avec les légumes d'accompagnement.

L'ASTUCE DU CHEF

La joue de bœuf est un morceau très tendre que le boucher peut vous détailler. Avec une cocotte-minute, la cuisson est rapide !

Côte de cochon rôtie, purée de céleri à la poire et crémeux de pruneau

Mathis Devaux, *Maison Devaux*

Pour 6 personnes
Préparation 20 minutes
Cuisson 30 minutes
6 côtes de cochon • 1 céleri-rave • 3 poires • 1 l de lait • 200 g de pruneaux dénoyautés • 50 g d'huile d'olive • beurre • sel • poivre • piment d'Espelette

Éplucher, découper le céleri et le cuire dans le lait pendant 20 minutes. À mi-cuisson, ajouter les poires épluchées et découpées.
Égoutter en réservant le lait de cuisson, puis mixer en ajoutant du lait si besoin, en fonction de la consistance. Assaisonner.

Réhydrater les pruneaux 5 minutes dans de l'eau bouillante, mixer avec l'huile d'olive jusqu'à obtenir une texture onctueuse.
Dans une poêle bien chaude, griller les côtes de cochon assaisonnées 2 minutes de chaque côté.
Les réserver, puis déglacer la poêle avec 10 cl d'eau froide et la gratter pour bien récupérer tous les sucs. Ajouter une pointe de beurre et laisser réduire jusqu'à obtenir un jus.
Réchauffer les côtes de cochon 2 minutes dans ces jus.
Déposer la purée de céleri au fond de l'assiette, à côté de la côte de cochon et de la crème de pruneau. Napper de jus.

Lièvre à la royale

Mathilde Aguerre et Mathieu Thomas, *Mimosa*

Pour 8 personnes
Préparation 1 h 30
Repos 36 heures
Cuisson 11 heures
1 lièvre entier • 4 l de vin rouge • 200 g d'épinards frais • 50 g de chanterelles • 50 g de trompettes-de-la-mort • 2 échalotes • 2 bottes de persil • 7 gousses d'ail • 10 carottes • 10 oignons • 500 g de foie gras • 10 g de truffe noire • 20 g de mascarpone • 10 g de lard • xérès • huile • sel • poivre

Dépecer le lièvre, en faisant attention de bien garder le sang, le cœur et le foie pour lier la sauce.
Lever les cuisses, les épaules et les faire mariner dans du vin rouge avec 5 oignons et 5 carottes pendant 24 heures.
Tailler les râbles en cubes et les poêler jusqu'à atteindre une cuisson rosée.
Réaliser un jus de lièvre en faisant revenir les carcasses, les oignons et carottes restants et 5 gousses d'ail. Mouiller à l'eau et laisser cuire 2 heures. Passer au chinois étamine puis réserver.
Saisir les morceaux de lièvre mariné avec la garniture (oignons et carottes de la marinade), mouiller avec le vin rouge et laisser confire à 180 °C pendant 4 heures.
Une fois cuit, bien dépiauter le lièvre, passer le jus au chinois et réduire pour avoir du goût.
Laver les champignons puis les faire sauter avec 1 botte de persil haché et 2 gousses d'ail, puis réserver.
Une fois refroidi, bien mélanger le lièvre dépiauté, les champignons, 250 g de foie gras, les échalotes ciselées avec le lard haché, le mascarpone, les râbles en cubes, la botte de persil restante hachée et 5 g de truffe noire. Assaisonner et ajouter un peu de xérès.
Enrouler ce mélange dans du film étirable en rouleaux de 15 cm de diamètre et réserver au frais.
Pour le jus, mixer au robot le sang avec les abats, le foie gras restant et verser dans le jus chaud. Laisser cuire sans ébullition pendant 5 heures.
Une fois arrivé à la bonne texture, mixer légèrement le jus, le passer au chinois étamine et ajuster l'assaisonnement.
Retirer le film des rouleaux, les trancher en portions de 5 cm de largeur et les passer au four 10 minutes à 180 °C.
Verser la sauce sur le lièvre et ajouter de la truffe râpée.

L'ASTUCE DU CHEF
Le lièvre à la royale est un plat emblématique de la gastronomie française. Il faut prendre le temps de réaliser chaque étape.

Filets de pigeons rôtis, cuisses confites et betteraves fumées

Louis Festa, *Les Singuliers*

Pour 8 personnes
Préparation 30 minutes
Cuisson 2 heures
4 pigeons • 4 grosses betteraves • 200 g de crème • 500 g de graisse de canard • foin • beurre • sel • poivre

Pigeons

Lever les filets des pigeons, les parer et réserver.
Désosser les cuisses, les saler légèrement puis les faire confire dans la graisse de canard pendant 45 minutes à feu doux.
Saisir les filets côté peau dans une poêle puis les retourner, ajouter une cuillère de beurre et laisser cuire 3 minutes. Réserver.

Betteraves fumées

Laver les betteraves et les cuire dans de l'eau salée pendant 1 heure avec un départ à froid, vérifier la cuisson.
Enlever la peau à la main en sortie de cuisson, les couper grossièrement puis les placer dans un saladier en inox avec du foin.
Enflammer le foin, couvrir aussitôt pour étouffer le feu et laisser fumer pendant 10 minutes.
Sortir les betteraves, les mixer avec la crème, assaisonner.

Finition

Enfourner les filets de pigeons à 180 °C pendant 3 minutes.
Sortir les cuisses de la graisse, les tamponner entre deux feuilles de papier absorbant.
Sortir les filets.
Sortir les cuisses, les tamponner entre deux feuilles de papier absorbant, sortir les filets, dresser dans l'assiette.
Déposer une cuillère de betterave fumée dans l'assiette, puis 1 filet et une cuisse de pigeon.

Tourte de pigeon

Anthony Carballo, *La Nauve, Hôtel et Jardin*

Pour 4 personnes
Préparation 40 minutes
Cuisson 1 h 40
2 pigeons • graisse de canard • 200 g de volaille • 100 g de foie gras • 100 g de gorge de cochon • 100 g de pruneaux • 1 œuf • 1 kg de pâte feuilletée • sel fin • poivre du moulin •

Jus de pigeon : la carcasse des pigeons • 50 g d'huile de tournesol • 100 g de carottes • 100 g d'oignons • 2 gousses d'ail • 100 g de porto rouge • sel • poivre

Découper les cuisses du pigeon et les mettre à confire dans de la graisse de canard au four à 120 °C pendant 1 heure. Prélever les filets de pigeon, les réserver au frais.

Concasser les carcasses et les colorer vivement à l'huile de tournesol, ajouter la garniture aromatique (carottes, oignons, ail). Déglacer au porto rouge, mouiller à hauteur avec de l'eau et laisser cuire jusqu'à l'obtention d'un jus bien nappant.

Pour réaliser la farce, tailler les filets de pigeon, la volaille, la gorge de cochon et les pruneaux en dés de 1 cm de côté, ajouter les cuisses confites hachées et mélanger avec l'œuf.

Disposer la farce sur un disque de feuilletage de manière uniforme et recouvrir le tout d'un second disque de feuilletage.

Dorer la tourte à l'œuf et l'enfourner 20 minutes à 200 °C puis baisser à 180 °C pour 20 minutes.

Après la cuisson, laisser reposer la tourte 10 minutes, puis servir avec le jus bien réduit et un mesclun acidulé.

L'ASTUCE DU CHEF

Ne faites pas de « cheminée » sur le dessus de la pâte pour bien obtenir une cuisson à l'étouffée.

FRANÇOIS PERVILLÉ ET JACQUES IN 'ON

Chaque jour, Jacques et François ont le même rituel : rendez-vous au marché des Capucins, à deux pas du restaurant, pour faire les courses et établir le menu du jour. « On n'a presque pas de stock, on cuisine au jour le jour », explique François, le patron. Le duo est habitué à travailler ensemble depuis leur passage à la *Brasserie Bordelaise*, que François dirigeait avec Jacques en cuisine.

Au Bistrot, ouvert début 2015, sert des plats de la cuisine traditionnelle française. Sur le comptoir, l'armée de cocottes multicolores n'est pas là que pour la décoration. C'est dans ces marmites magiques que Jacques mitonne des sauces réconfortantes et des plats mijotés. « Il y a des plats que les habitués attendent chaque année, comme la tête de veau, la garbure… » À la carte, les abats ont souvent le premier rôle qu'ils partagent néanmoins avec les légumes. « On ne sert pas de frites ici, seulement les légumes de saison. »

• Quel est votre produit préféré du Sud-Ouest ?

François : J'adore la variété de produits qu'on a au fil des saisons. J'aime quand c'est le retour des maigres, puis des anguilles, des asperges, etc. Ces courtes périodes où on profite d'un produit avant qu'il ne soit plus disponible.

Jacques : J'aime beaucoup les légumes d'automne : cèpes, poireaux, choux, courges…

• Votre madeleine de Proust ?

François : La caille. Ma mère la faisait à la cocotte avec du lard et des pruneaux. J'adore ce goût fondant, un peu sucré.

Jacques : Le gigot d'agneau classique avec des haricots tarbais.

• Un autre restaurant de la région à conseiller ?

François : J'aime beaucoup *Arrantzaleak, L'Auberge aux poissons* à Ciboure par Ramuntxo Courdé.

Jacques : j'adore les omelettes de la venta *Anton* à Sare.

Pot-au-feu de canard

Jacques In'On, *Au bistrot*

Pour 8 personnes • Préparation 20 minutes • Cuisson 2 heures
1,2 kg cuisses de canard

Garniture aromatique : 200 g de carottes • 200 g d'oignons • 2 pincées de clous de girofle • 200 g de poireaux • 100 g de céleri en branche • 1 bouquet garni • 2 gousses d'ail • sel • poivre • moutarde

Accompagnement : 400 g de carottes jaunes • 800 g de navets ronds • 400 g de panais • 400 g de blancs de poireau • 400 g de céleri-rave • 200 g de pommes de terre • 100 g de gros sel • sel fin • poivre du moulin

Disposer les cuisses de canard dans une cocotte et recouvrir d'eau froide. Faire chauffer à frémissement. Écumer progressivement la graisse qui remonte à la surface.
Réaliser le fond de cuisson en ajoutant la garniture aromatique en morceaux. Saler avec le gros sel. Écumer la graisse qui remonte à la surface.
Maintenir la cuisson à feu doux et régulier pendant 1 h 30. Vérifier si les cuisses sont cuites. Retirer la garniture aromatique.
Ajouter dans la cocotte les garnitures d'accompagnement. Cuire pendant 20 à 30 minutes selon les légumes. Ajuster l'assaisonnement
Faire revenir côté peau dans une poêle les cuisses de canard pour obtenir une peau croustillante.
Dresser dans une grande assiette creuse la cuisse, les accompagnements et le bouillon de cuisson avec de la moutarde.

AU BISTROT

C'est un bistrot à l'ancienne avec toute son effervescence, ses odeurs alléchantes et ses habitués au comptoir. On s'y régale de plats qui mettent en valeur des abats et des sauces longuement mijotées. En avant les incontournables poireaux vinaigrette, harengs marinés ou terrine de campagne. Par ici, la langue de bœuf, la caille entière confite et le râble de lapin. Et puis, tant qu'on y est, autant finir avec une crème brûlée ou un riz au lait !

Pour en savoir plus rdv p. 123.

• LE POULET DU DIMANCHE •

**C'est le plat familial par excellence !
Les chefs nous livrent leur recette fétiche.**

Poulet rôti

Mathis Devaux, *Maison Devaux*

Pour 4 personnes
Préparation 10 minutes
Cuisson 1 heure
1 gros poulet • 2 carottes • 1 oignon • 1 gousse d'ail • eau • huile d'olive • sel • poivre • thym

Éplucher l'oignon, les carottes et la gousse d'ail, les couper grossièrement et les faire revenir dans une grosse casserole jusqu'à coloration.

Ajouter de l'eau froide à mi-hauteur, y plonger le poulet et du thym et ajouter de l'eau, si besoin, pour le recouvrir. Cuire 20 minutes à feu doux.

Transférer le poulet dans un plat, le mettre dans le four encore froid et monter à 180 °C. Cuire 35 minutes. Arroser toutes les 10 minutes avec le bouillon.

Poulet du dimanche

Laetitia Sarthou, *Les Pipelettes*

Pour 4 personnes
Préparation 10 minutes
Cuisson 1 heure
1 poulet fermier d'environ 1,5 kg • graisse de canard • 1 tranche de pain sec • 1 tomate • 2 gousses d'ail • sel, poivre •

Préparation

Masser le poulet au sel, poivre, puis le badigeonner à la graisse de canard.

Frotter le pain à l'ail, puis à la graisse, saler, poivrer, et le mettre à l'intérieur du poulet, avec les abats et la tomate coupée en dés.

Cuisson

Cuire à four à 180 °C pendant environ 1 heure. Servir.

Poulet sauce chimichurri

Peio Nesi, *Trabenia*

Pour 4 personnes
Préparation 15 minutes
Cuisson 45 minutes
1 poulet entier • 50 g de beurre • 1 citron jaune • 1 citron vert • 3 échalotes • 4 gousses d'ail • herbes au choix (thym, estragon, persil, coriandre, verveine…) • huile d'olive • vinaigre blanc • piment d'Espelette • sel

Sauce chimichurri
Herbes au choix (thym, estragon, persil, coriandre, verveine) • 3 échalotes • 4 gousses d'ail • huile d'olive • 2 c. à s. de vinaigre blanc • 1 citron jaune ou vert • fleur de sel • piment d'Espelette

Retirer la tête et le cou du poulet. Réserver les abats. Pratiquer une petite incision entre la chair et la peau et glisser un doigt afin de décoller la peau. Assaisonner sous la peau avec le sel et le piment d'Espelette. Insérer un morceau de beurre taillé finement et les herbes sous la peau avant de bien la rabattre. Assaisonner l'intérieur du poulet, y glisser du thym et les gousses d'ail.
Disposer le poulet dans un plat et l'enfourner 40 minutes à 170 °C.

La sauce chimichurri

Hacher finement les herbes. Tailler finement les échalotes, hacher l'ail. Disposer le tout dans un saladier et ajouter de l'huile d'olive et le zeste du citron. Ajouter une note acide avec le vinaigre blanc et assaisonner de fleur de sel et de piment.

L'ASTUCE DU CHEF

Si vous disposez d'un barbecue qui se ferme, terminer la cuisson du poulet dedans pendant 5 minutes à 250 °C pour bien faire croustiller la peau.

Volaille de la maison Garat rôtie farcie au pain aillé, pommes grenailles

Mathilde Aguerre et Mathieu Thomas, *Mimosa*

Pour 4 personnes
Préparation 20 minutes
Cuisson 1 h 40
1 volaille fermière de 3 kg • 500 g de beurre • 10 cl d'huile de tournesol • 5 gousses d'ail • ¼ de baguette • 200 g de pommes de terre grenailles de l'île de Ré • huile •sel • poivre

Vider la volaille, saler, poivrer l'intérieur, y ajouter le pain en morceaux, les gousses d'ail et un peu d'huile. Imbiber la volaille d'huile et badigeonner de beurre pommade.

Préchauffer le four à 140 °C. Enfourner la volaille et l'arroser au fur et à mesure avec le beurre fondu au fond du plat. Augmenter le four de 10 °C toutes les 15 minutes jusqu'à atteindre 180 °C. 1 h 30 plus tard, la volaille sera bien dorée, non cloquée et pas sèche. Passer un coup de pinceau pour enlever la caséine du beurre brûlé sur la volaille.
Mettre les pommes de terre dans un grand volume d'eau salée dans une casserole. Cuire 10 à 15 minutes (en sous-cuisson), puis les faire revenir dans une poêle avec le beurre de cuisson de la volaille.

Pintade du dimanche

Anthony Carballo, *La Nauve, Hôtel et Jardin*

Pour 4 personnes
Préparation 15 minutes
Cuisson 1 heure
1 pintade fermière PAC Label rouge • 50 g de beurre • 50 g d'huile de tournesol • sel fin • poivre du moulin • ail • laurier • thym

Beurre d'herbes
• 100 g de beurre pommade • 100 g d'herbes hachées

Toast abattis
100 g de pain de campagne • abattis de pintade • 100 g d'ail • 100 g de persil • sel • poivre

Préparation

Réaliser un beurre d'herbes en mélangeant les herbes hachées et le beurre. L'assaisonner légèrement.

En passant par le cou, décoller la peau de la chair avec vos doigts et insérer le beurre d'herbes. Cette technique permettra d'avoir une viande très moelleuse.
Hacher les abattis de la volaille, les mélanger avec l'ail et le persil haché, assaisonner et étaler sur une tranche de pain de campagne toastée et insérer cette tartine à l'intérieur de la pintade avec le laurier et le thym.

Cuisson

Enfourner la pintade au four préchauffé à 220 °C, puis abaisser la température à 160 °C durant 1 heure. Arroser fréquemment la volaille.
Après cuisson, laisser reposer la pintade 15 minutes, puis la découper, ainsi que le toast à l'intérieur.
Servez aussitôt avec des pommes dauphines maison et le gras de cuisson.

CLÉMENT PAPILLAUD

À 29 ans, Clément Papillaud semble aligné avec sa cuisine. « Je suis sensible dans la vie et j'écoute cette sensibilité aussi dans mes plats. Ça m'a pris du temps, mais je crois que je commence à trouver ce qui fait ma cuisine. » Après plusieurs expériences chez les autres, il est à la tête de son restaurant *Clément artisan culinaire*. « Je me considère avant tout comme artisan, on travaille avec nos mains, affirme le chef agenais. On transmet quelque chose. » Autour de lui gravitent beaucoup d'artisans du goût : son oncle torréfacteur, son frère pâtissier, son beau-père apiculteur, son père boulanger. Comme une évidence, il sourit : « Je n'ai jamais voulu faire autre chose. »

De son parcours, il retient le lien privilégié créé avec Benjamin Toursel à *L'Auberge du Prieuré* à Moirax (47) et aussi la façon de voir les choses d'Alain Ducasse, rencontré au *Plaza Athénée*. « Sa philosophie était de se réinventer avec un profond respect de ce qui a été fait avant. »

• Quel est votre produit préféré du Sud-Ouest ?

Le fromage, essentiellement de brebis au Pays basque ! Je me fournis chez BeñatMoity à Saint-Jean-de-Luz, il est extraordinaire. Il m'a fait découvrir beaucoup de spécialités.

• Un ingrédient qui peut être le petit plus dans une recette ?

Le miso. Il peut apporter de la rondeur, un côté légèrement salé, un peu fermenté. Je trouve ça très intéressant dans du sucré comme du salé.

• Un autre restaurant de la région à conseiller ?

L'Auberge du Prieuré, à Moirax, chez Agathe et Benjamin Toursel, deux belles personnes. On y mange très bien, on est bien accueilli. Il faut y aller : c'est très beau.

CLÉMENT ARTISAN CULINAIRE

Le détour vaut le coup pour découvrir ce restaurant installé dans un joli village à la frontière de la Dordogne. L'ambiance est chaleureuse dans la salle aux pierres et poutres apparentes. Il faut se laisser surprendre et émouvoir par les assiettes créatives et raffinées de Clément. On y retrouve souvent les produits de la mer et des notes grillées ou torréfiées. Le menu est « en mouvement perpétuel ».

Pour en savoir plus rdv p. 123.

Poulet fermier contisé aux herbes, cuit en cocotte de foin, purée à la noisette

Clément Papillaud, ***Clément artisan culinaire***

Pour 4 personnes
Préparation 30 minutes
Cuisson 1 h 30

Poulet
1 poulet fermier • 100 g de beurre pommade • 50 g de sauge • 50 g d'estragon • 1 botte de persil • 1 tête d'ail • 1 poignée de foin • sel • poivre

Beurre noisette et garniture
80 g de beurre • 150 g de noisettes torréfiées • 10 cl de vin jaune • 500 g de pommes de terre • 10 cl de lait • sel • poivre

Préparation
Hacher finement le persil, la sauge et l'estragon et les mélanger avec du beurre pommade. Décoller la peau du poulet des filets en glissant délicatement vos doigts entre la chair et la peau et insérer le beurre dans l'espace créé entre la chair et la peau. Masser ensuite le poulet afin de bien répartir le mélange beurre herbes sous la peau. Assaisonner le poulet à l'intérieur en y insérant la tête d'ail coupée en deux.

Cuisson
Disposer le poulet dans une cocotte tapissée de foin au préalable, puis enfourner dans un four départ à froid réglé à 180 °C avec le couvercle sur la cocotte. Laisser cuire 40 minutes. Découvrir et laisser cuire 10 minutes puis sortir le poulet et le laisser reposer 20 minutes, couvercle fermé, avant de le découper.

Garniture
Préparer un beurre de noisette en broyant finement les noisettes torréfiées. Faire fondre le beurre jusqu'à obtenir un beurre noisette. Mélanger la poudre de noisettes et le beurre puis déglacer avec le vin jaune. Laisser réduire.
Éplucher les pommes de terre et les cuire à l'eau bouillante salée. Tamiser pour obtenir une pulpe fine et incorporer le beurre de noisettes. Ajuster la texture en ajoutant un peu de lait chaud à l'aide d'un fouet. Assaisonner. Servir le poulet avec sa garniture.

« Sunday Roast Chicken »

Gary Village, *Déméter*

Pour 4 personnes
Préparation 10 minutes
Repos 24 heures
Cuisson 1 heure
1 poulet fermier • 1 citron en quartiers • thym • romarin • sauge • huile • gros sel • poivre

Préparation

Nettoyer le poulet, retirer les tissus graisseux à l'intérieur et bien le sécher avec un papier absorbant. Saler généreusement le poulet au minimum 24 heures avant la cuisson, réserver au réfrigérateur. L'idée est d'avoir un poulet bien sec afin d'obtenir une peau bien croustillante à la cuisson.
Le lendemain, saler et poivrer l'intérieur du poulet. Mettre le thym, le romarin, la sauge et les quartiers de citron à l'intérieur. À l'aide d'une ficelle à rôtir, attacher les cuisses de manière qu'elles protègent le blanc du poulet.

Cuisson

Préchauffer le four à 230 °C.
Disposer le poulet poitrine vers le haut dans un plat à four huilé.
Cuire 30 minutes, puis le retourner et poursuivre la cuisson 20 minutes. Retourner à nouveau le poulet et poursuivre la cuisson 10 minutes.
La durée totale devrait être d'environ 1 heure, selon la grosseur du poulet. Lorsque l'on pique le poulet à la fourchette, le jus doit être clair.
Retirer du four et laisser reposer 10 minutes avant de découper et de servir accompagné d'une belle salade et d'un bon gratin dauphinois.

L'astuce du chef

Imaginée par le chef américain Thomas Keller, cette recette très simple ne nécessite aucun ajout de matière grasse, il vous suffit d'un beau poulet fermier, de gros sel et de poivre.
Sa spécificité : le craquant de la peau et le moelleux de la chair !

Poulet fermier rôti au barbecue, sauce poulette et tagliatelles de pommes de terre

Louis Festa, *Les Singuliers*

4 personnes
Préparation 15 minutes
Cuisson 15 minutes
8 filets de poulet fermier • 8 pommes de terre à chair ferme • 200 g de crème liquide • 200 g de beurre • 500 g de bouillon de volaille • 1 citron • sauce soja sucrée • sel • poivre

Cuisson

Griller les filets de poulet au barbecue côté peau puis très rapidement côté chair. Laquer de sauce soja sucrée, les disposer dans un plat et enfourner à four chaud 10 minutes à 180 °C. Les sortir et réserver.

Garniture

Laver, éplucher et tailler de très fines lamelles de pommes de terre, porter une casserole d'eau salée à ébullition, les plonger 1 minute puis les refroidir aussitôt dans de l'eau glacée.
Dans une autre casserole, faire fondre une noix de beurre, déposer les lamelles de pommes de terre puis les enrober de beurre à feu doux, saler et poivrer.
Faire chauffer le bouillon de volaille avec la crème et le beurre, laisser réduire de moitié, presser le jus de citron au dernier moment.
Faire un rouleau de tagliatelles, couper les filets de poulet en deux dans la longueur, les napper de la sauce poulette.

Poulet bien arrosé et coquillettes au jus

Stéphane Casset et Max Feret, *Le Jardin*

Pour 4 personnes
Préparation 20 minutes
Cuisson 1 heure
1 poulet fermier • 100 g de beurre • croûtons aillés • 1 navet • 1 céleri • 1 carotte • 2 oignons • 320 g de coquillettes • huile • sel • poivre

Préparation

Retirer les abats du poulet, surtout les poumons. Détendre le poulet, enlever les filets qui le tiennent souvent pour que la cuisson soit homogène.

Passer la main entre la chair et la peau et mettre des morceaux de beurre et un peu de sel pour nourrir les filets. Insérer les croûtons aillés à l'intérieur du poulet.

Faire un lit végétal au fond d'un plat huilé : navet, céleri, carotte, oignons pour apporter de l'humidité et ne pas cuire à sec le poulet. Les légumes vont le parfumer.

Cuisson

Enfourner le poulet à 200 °C pendant les 15 premières minutes pour que les sucs se concentrent, puis 40 minutes à 120 °C. Toutes les 15 minutes, arroser le poulet avec le jus du fond du plat. Ajouter de l'eau si besoin. À la fin de la cuisson, réserver hors du four pendant 15 minutes. Puis vider le poulet du jus et des croûtons et passer le jus au chinois.

Garniture

Cuire les coquillettes à l'eau salée une minute de moins que les indications, puis finir la cuisson dans le jus du poulet avec une noix de beurre.

Dresser le poulet sur les pâtes et poivrer. Bon dimanche !

LES PRODUCTEURS DE VOLAILLE

La région Sud-Ouest est une référence dans la filière de la volaille, qu'elle soit des Landes, du Périgord, du Pays basque ou du Béarn *(voir page 120)**.*

Merlu de ligne de Saint-Jean-de-Luz, caviar d'aubergines, aubergines grillées au soja

Peio Nesi, *Trabenia*

Pour 4 personnes
Préparation 30 minutes
Cuisson 50 minutes
1,3 kg de filet de merlu de ligne de Saint-Jean-de-Luz • 4 aubergines • 4 échalotes • 100 g de sauce soja salée • 300 g de sauce soja sucrée • 700 g de saké • 80 g de miel • 1 citron jaune • 1 citron vert • 1 bâton de citronnelle • thym • huile d'olive • sel • fleur de sel • piment d'Espelette

Laquage des aubergines

Dans une grande casserole, mettre les deux sauces soja, le saké et le miel. Tailler le bâton de citronnelle en biseau et l'ajouter. Faire chauffer et laisser réduire de moitié jusqu'à ce que la sauce soit bien nappante.

Caviar d'aubergines

Tailler finement les échalotes. Éplucher 2 aubergines et les tailler grossièrement en cubes.

Dans une cocotte chaude, mettre de l'huile d'olive généreusement. Faire colorer les échalotes. Ajouter les aubergines taillées et le thym. Assaisonner avec du sel et du piment d'Espelette. Laisser cuire en remuant régulièrement.

Aubergines grillées au soja

Éplucher 2 aubergines et les tailler en tranches épaisses dans la longueur, puis les quadriller. Laquer avec la marinade les deux côtés des tranches. Dans une poêle légèrement chauffée, disposer les tranches d'aubergines laquées et faire caraméliser. Terminer la cuisson au four à 150 °C pendant 4 minutes.

Merlu

Assaisonner le filet de merlu avec de la fleur de sel, du piment d'Espelette et les zestes des citrons. Dans une poêle bien chaude, disposer un papier cuisson et de l'huile d'olive. Saisir les filets de merlu côté peau jusqu'à obtenir une peau croustillante. Terminer la cuisson au four à 170 °C pendant 4 minutes.

Dressage

Disposer dans l'assiette les aubergines grillées, le caviar d'aubergines et surmonter du filet de merlu.

Tartare de mulet et artichaut

Stéphane Casset et Max Feret, *Le Jardin*

Pour 4 personnes
Préparation 25 minutes
Cuisson 40 minutes
400 g de filets de mulets • 2 échalotes grises • vinaigre de vin rouge • persil plat haché fin • 4 artichauts Camus • huile d'olive • vinaigre • beurre • jus et zeste d'un citron vert • sel • poivre

Découper les filets de mulets en cubes d'½ cm. Ajouter les échalotes finement hachées puis les autres ingrédients. Goûter pour ajuster l'assaisonnement. Attention au sel, il n'y a pas de retour en arrière. Si c'est trop acide, ajouter de l'huile, si c'est trop gras, du vinaigre.
Cuire l'artichaut dans de l'eau bouillante pendant 40 minutes. Enlever les feuilles, le foin et garder seulement les cœurs. Les couper en petits morceaux et caraméliser au beurre et déglacer au citron.
Servir tartare et artichaut mélangés.

LES ASTUCES DU CHEF

L'idée est que la vinaigrette qui accompagne habituellement l'artichaut assaisonne le poisson.
Le mulet est un poisson parfois boudé à tort, il est parfait en tartare. Sa chair blanche est goûtue et il y a de la mâche.

Rougets vendangeurs, raisins, poireaux fondants

Stéphane Casset et Max Feret, *Le Jardin*

Pour 4 personnes
Préparation 15 minutes
Cuisson 25 minutes
4 filets de rougets vendangeurs • 1 grappe de raisins • 2 poireaux • beurre • huile d'olive • sel • poivre

Ne garder que les blancs des poireaux (utiliser le vert pour une soupe, par exemple) et les couper en tronçons d'environ 3 cm. Les cuire dans une poêle avec un fond d'eau à feu doux pendant 20 minutes et couvrir d'aluminium. Faire revenir dans du beurre, sel, poivre. Planter une fourchette, il ne doit plus y avoir de résistance.

Saler les filets de rougets. Faire chauffer un trait d'huile d'olive dans une poêle. À frémissement, disposer le poisson côté peau. Cuire jusqu'à ce que l'extérieur du filet devienne opaque.

Presser une grappe de raisins dessus pour déglacer. Ajouter une noix de beurre et lustrer le poisson avec la sauce.

Dresser le poisson avec le jus, quelques raisins et les blancs de poireau.

L'ASTUCE DU CHEF

Le rouget vendangeur est pêché en septembre dans le bassin d'Arcachon. On peut cuisiner cette recette avec des raisins pas tout à fait mûrs.

MAX FERET ET STÉPHANE CASSET

C'est un duo détonnant qui semble bien se compléter. D'un côté l'expérience, qui n'empêche pas un grain de folie, de Stéphane Casset, de l'autre les idées nouvelles et la détermination de Max Feret.

Le premier a 51 ans et a déjà roulé sa bosse dans le secteur de la restauration girondine. La réputation de son dernier établissement, *Caffè Cuisine*, à Branne (33), n'est plus à faire. À 25 ans, le second a bifurqué vers la cuisine après des études d'économie-gestion et est diplômé de l'Institut Paul-Bocuse (devenu Lyfe).

Il faut voir les deux associés derrière les fourneaux. L'ambiance est légère et la cuisine spontanée.

– On n'ajouterait pas l'artichaut dans le tartare ?

– Ah oui ! super idée Stéphane, tu gères ! »

Ils nous confient, en éclatant de rire : « Là, on est à peu près organisés ; en plein service, c'est pire. » Le mentor insiste : « Je ne suis pas le chef, lui non plus. On travaille tous ensemble. »

• Quel est votre produit préféré du Sud-Ouest ?

Max : Le rouget vendangeur. C'est un produit qui a beaucoup de caractère.

Stéphane : Je n'en ai pas. Ce que je trouve extraordinaire, c'est quand le produit est beau, qu'on le cuisine et qu'on a ensuite le retour de ce que l'on a donné !

• Votre madeleine de Proust ?

Max : Les œufs mimosa de ma grand-mère ! Elle garde toujours une partie du jaune pour le râper au-dessus.

• Un ingrédient qui peut être le petit plus dans une recette ?

Stéphane : Le beurre et la crème…

Max : L'amour, ça assaisonne aussi !

Stéphane : Le topinambour, c'est un légume détesté par nos grands-pères parce qu'ils en ont mangé pendant la guerre. Mais si on y ajoute du beurre ou de la crème avec du sel, ça change tout.

• Un autre restaurant de la région à conseiller ?

Max : J'ai eu un gros coup de cœur pour *Déméter* à Bordeaux récemment ! J'ai beaucoup aimé leur philosophie, je pense qu'il y a des similitudes avec notre démarche. Ils sont très bons dans les assaisonnements !

LE JARDIN

Le restaurant se trouve au château Petit Faurie de Soutard, grand cru classé de Saint-Émilion. Depuis la terrasse, « les couchers de soleil sont dingues », promettent les deux compères. Jour après jour, ils se livrent à un exercice passionnant mais exigeant : changer le menu à chaque service, en fonction du marché et de la récolte au jardin potager. « On n'a pas de plat signature, répondent-ils en chœur, mais une philosophie : s'effacer pour laisser la place au produit. Une carotte doit en avoir le goût ! On ne mettra jamais de fleurs pour faire joli. »

Pour en savoir plus rdv p. 123.

Rouget grondin en portefeuille grillé, pommes de terre et pleurotes de la Citadelle

Cécile Chapet et Théo François, *Le Jour du poisson*

Pour 4 personnes
Préparation 25 minutes
Cuisson 30 minutes
4 rougets grondins (entre 300 g et 500 g vidés chacun) • 500 g de pommes de terre grenailles • 500 g de pleurotes • beurre • thym • laurier • huile • gros sel • fleur de sel

Découper les rougets en portefeuille (ou demander au poissonnier). Désarêter les filets et bien sécher la peau avec du papier absorbant.
Immerger les pommes de terre dans une casserole d'eau froide avec du gros sel, du thym et du laurier à couvert. Porter à ébullition et cuire pendant 20 minutes à feu doux. Laisser refroidir dans l'eau.
Détailler grossièrement les pleurotes. Chauffer une poêle sur feu vif avec un filet d'huile. Verser les pleurotes et les laisser colorer sans les remuer au début. Ajouter une noix de beurre. Quand les pleurotes sont cuits, saler et réserver.

Au moment de cuire le poisson, réchauffer les pleurotes et les pommes de terre à la poêle ou au four.
Sortir les poissons au moins 30 minutes avant de les cuire pour les tempérer.
Bien faire chauffer une poêle sur feu vif avec de l'huile neutre. Quand de la fumée se dégage, déposer le poisson côté peau et poser dessus un poids léger sur la chair pour que la peau soit bien au contact de la poêle (une petite casserole remplie d'eau par exemple). Le poisson doit avoir la peau bien colorée et la chair encore rose mais tiède au toucher.
Lustrer la peau au pinceau avec un peu d'huile, finir avec de la fleur de sel et servir avec la garniture.

L'astuce du chef

La cuisson du poisson est le plus important. Le contraste de texture entre le croustillant de la peau et le juteux de la chair est la clé de l'assiette.

Cabillaud, huîtres et navet

Clément Papillaud, *Clément artisan culinaire*

Pour 4 personnes
4 dos de cabillaud (2 cm d'épaisseur) • 4 huîtres numéro 2 • 2 navets • 200 g de persil •1 botte de cresson • 50 g de beurre • huile d'olive • citron vert • sel • fleur de sel • piment d'Espelette

Ouvrir les huîtres, les détacher délicatement de la coquille et les disposer dans une petite poêle afin de les faire raidir 10 secondes à feu doux, puis réserver.
Blanchir le persil et la moitié du cresson rapidement dans de l'eau bouillante jusqu'à ce que les tiges soient molles. Égoutter et passer dans un blender avec le reste du cresson cru et le beurre. Assaisonner, mixer et passer au chinois le tout avant de réserver dans une casserole.
Peler les navets et les râper très finement, puis assaisonner avec une bonne huile d'olive, sel et piment.
Assaisonner les dos de cabillaud avec de l'huile d'olive, de la fleur de sel et du piment, puis les disposer sur une plaque et les cuire au four à 60 °C pendant environ 10 minutes.
Disposer le cabillaud dans une assiette légèrement creuse, ajouter l'huître par-dessus et poser le navet râpé cru et assaisonné dessus. Verser autour le bouillon cresson-persil. Râper du citron vert juste avant de servir.

Roulade de cabillaud aux algues avec son bouillon aux herbes fines

Laetitia Sarthou, *Les Pipelettes*

Pour 4 personnes • Préparation 40 minutes • Repos 40 minutes • Cuisson 1 h 20
250 g de dos de cabillaud • gros sel • 2 blancs d'œufs • herbes : estragon, coriandre, persil, aneth • algues fraîches ou en paillettes

Bouillon de légumes : 1 poireau • ½ oignon • ½ fenouil • 1 branche de céleri • thym • 10 g de gingembre • ½ bâton de citronnelle • sel • poivre

Bouillon de légumes

Peler, tailler les légumes et les mettre dans une casserole. Recouvrir de 2 litres d'eau, porter à ébullition et laisser frémir pendant 1 heure. Ajouter à la dernière minute les herbes, éteindre le feu et les laisser infuser pendant 30 minutes Passer le tout au chinois et réserver.

Cabillaud

Recouvrir le poisson de gros sel pendant 10 minutes.
Ôter le sel, laver le filet et l'éponger. Le badigeonner de blancs d'œufs, ajouter les algues. Rouler dans un film alimentaire et réserver au frais.

Finition

Faire réduire sur feu vif 2 louches de bouillon de légumes pour obtenir ½ louche.
Faire cuire le poisson à la vapeur 6-8 minutes à 80 °C ou 12 à 15 minutes à 65 °C.
Mettre le bouillon dans l'assiette puis le poisson au centre, le décorer avec quelques herbes.

Maquereau de ligne mariné au wasabi, chanterelles et estragon

Clément Papillaud, ***Clément artisan culinaire***

Pour 4 personnes • Préparation 25 minutes • Cuisson 15 minutes
4 gros filets de maquereau • 10 g de poudre de wasabi • 100 g de sauce huître • 100 g d'estragon frais • 300 g de chanterelles • 50 g de beurre • graines de sarrasin grillé • huile d'olive • sel • poivre • piment

Désarêter des filets de maquereau, détailler chaque filet en trois morceaux égaux, les disposer sur une plaque avec de l'huile d'olive.
Réaliser le laquage en mélangeant la sauce huître et la poudre de wasabi. À l'aide d'un pinceau, en badigeonner les morceaux de maquereau.
Laver et nettoyer les chanterelles, puis les faire cuire à feu assez vif au beurre, assaisonner et mélanger avec l'estragon effeuillé.
Passer les maquereaux 1 minute sous le gril (ils doivent être mi-cuits), remettre une couche de laquage wasabi.
Dans une assiette, disposer les morceaux de maquereau avec les chanterelles à l'estragon, arroser légèrement d'une bonne huile d'olive et parsemer de quelques graines de sarrasin grillé.

CÉCILE CHAPET ET THÉO FRANÇOIS

Aller au *Jour du poisson*, c'est découvrir la richesse des productions oléronnaises. « On travaille à l'envers, expliquent Théo et Cécile, 30 ans. On arrive sans idée précise chez nos producteurs et on réfléchit au menu en fonction de ce qu'ils ont. On s'adapte aux contraintes des uns et des autres. » Chaque semaine, ils font le tour de l'île pour récupérer les légumes et la farine du Jardin de la Josière ou encore les œufs bio de La Petite Ferme d'Oléron. Il y a aussi l'incontournable criée de la Cotinière. Sur leur carte, qui évolue au jour le jour, le poisson a toujours le premier rôle.

Théo, originaire du Béarn, a été marqué par son passage en Cornouailles au Seafood Restaurant du chef Rick Stein, célèbre outre-Manche. Avec Cécile, pâtissière de formation, ils retiennent aussi leur expérience à La Régalade sous Ollie Clarke. « On a appris à ne jamais utiliser les produits pour rien. On travaille les poissons de la tête à la queue, il n'y a pas que le filet dans le poisson ! »

• Quel est votre produit préféré du Sud-Ouest ?

Le maigre de ligne de Royan. C'est un poisson qu'on travaille beaucoup, avec lequel on peut s'amuser. On peut les avoir gros et les utiliser en entier, comme on aime faire. C'est un poisson très noble à nos yeux, qu'on aime mettre en avant. On arrive à mettre plein de découpes différentes avec la queue, les côtes, les arêtes apparentes…

• Un ingrédient qui peut être le petit plus dans une recette ?

On peut dire le piment d'Espelette ou c'est trop chauvin ? On utilise beaucoup les huiles aromatisées ou infusées qu'on fait nous-mêmes pour assaisonner nos plats. Huile au persil, huile de thym, huile pimentée… et des vinaigres aux fruits pour assaisonner les poissons.

•Un autre restaurant de la région à conseiller ?

On aime bien aller à *La Yole de Chris*, à La Rochelle, pour les poissons grillés au barbecue. C'est toujours un régal ! On aime le concept des poissons à partager avec les découpes en salle, qu'on ne peut pas vraiment faire ici, par manque de place.

LE JOUR DU POISSON

Le couple de chefs est tombé amoureux de ce lieu du bout du monde en 2020. Il faut se laisser guider par l'ardoise du jour, présentée dans le détail à chaque table. « Souvent, les gens changent d'avis et goûtent quelque chose qu'ils ne connaissent pas. » Sur le menu, on décèle quelques influences italiennes : agnolotti, risotto… « On adore faire des pâtes, on a aussi rapporté une meule de parmesan de notre dernier voyage », racontent les deux passionnés.

Pour en savoir plus rdv p. 123.

Osso-buco de lotte

Cécile Chapet et Théo François, *Le Jour du poisson*

Pour 4 personnes • Préparation 50 minutes • Cuisson 3 heures
1 queue de lotte d'environ 1 kg • farine • huile • beurre • sel • poivre

Polenta crémeuse : 100 g de polenta complète • 400 g de lait entier • 400 g d'eau • 50 g de beurre • 100 g de tomme des Charentes râpée • sel

Braisage : 4 carottes moyennes • 2 oignons jaunes • 4 branches de céleri • 1 c. à s. de farine • 2 c. à s. de concentré de tomate • 2 verres de vin blanc sec • thym • romarin • huile • sel

Brunoise : 1 carotte • 1 oignon Saint-Turjan (ou rouge) • 1 branche de céleri

Gremolata : 1 botte de persil plat • 1 gousse d'ail • zestes de citron • huile d'olive • sel • poivre

Éplucher la lotte (ou demander au poissonnier), couper les nageoires et la queue et garder les poitrines de côté.

Bouillon

Faire revenir les peaux, les nageoires et la queue avec un filet d'huile dans une cocotte avec les feuilles du céleri branche. Mouiller à hauteur, porter à ébullition et laisser infuser à feu doux pendant 30 minutes. Assaisonner, filtrer et réserver.

Braisage

Éplucher et tailler les légumes en mirepoix. Saler et colorer les poitrines de lotte à feu très vif avec de l'huile dans une cocotte en fonte pour les colorer uniformément. Ajouter la farine et déglacer avec 1 verre de vin blanc. Retirer et réserver. Colorer dans la même cocotte les légumes, saler et déglacer avec le deuxième verre de vin blanc. Ajouter le concentré de tomate, le thym, le romarin et les poitrines, mouiller avec le bouillon des peaux. Enfourner avec le couvercle pour 2 heures à 180 °C.
Récupérer la sauce en filtrant à l'aide d'un chinois fin. Extraire le maximum de jus et ajuster l'assaisonnement.

Brunoise

Éplucher et tailler les légumes. Les faire suer 10 minutes dans un filet d'huile, saler. Ajouter dans la sauce.

Gremolata

Effeuiller et hacher finement le persil plat. Éplucher et hacher la gousse d'ail. Dans un bol, mélanger le persil haché et la gousse d'ail avec du sel, les zestes de citron et ajouter de l'huile d'olive jusqu'à obtenir une sauce épaisse. Goûter et ajuster l'assaisonnement.

Polenta

Dans une casserole, faire bouillir le lait, l'eau et le beurre avec du sel. Ajouter la polenta et cuire 20 minutes à feu doux en remuant régulièrement. Goûter pour vérifier la cuisson, ajouter la tomme râpée et ajuster l'assaisonnement.

Finition et dressage

Découper la queue de lotte en tronçons d'environ 200 g. Fariner les tronçons et les colorer au beurre dans une poêle en surveillant la cuisson, jusqu'à une température à cœur de 48 °C.
Dans les assiettes, déposer 2 cuillerées de polenta et réaliser un puits. Ajouter la sauce avec la brunoise. Déposer un tronçon de lotte et napper légèrement de sauce. Déposer des points de gremolata.

Lotte bardée au speck, artichaut farci à la pomme et jus de viande corsé

Mathis Devaux, *Maison Devaux*

Pour 6 personnes • Préparation 40 minutes • Cuisson 4 h 30
1 grosse queue de lotte • 10 tranches de speck • 6 artichauts • 4 pommes Golden • 1 kg d'os de veau • jus de citron • eau • huile d'olive • sel • poivre • piment d'Espelette

Lever les filets de lotte, assaisonner de sel, poivre et huile d'olive et les rouler dans les tranches de speck. Entourer les rouleaux dans plusieurs couches de film alimentaire puis réserver au froid.
Faire rôtir les os de veau au four jusqu'à coloration à 180 °C. Déglacer avec de l'eau froide et mettre le tout dans une casserole pendant 4 heures à feu doux.
Tourner les artichauts, puis les blanchir dans l'eau bouillante salée pendant 10 minutes.
Peler les pommes, les couper en quarts et les vider, puis les faire revenir à la casserole avec un filet d'huile d'olive jusqu'à obtenir une compotée.
Sortir délicatement les lottes des papillotes et les cuire à la poêle pendant 7 minutes en les faisant tourner régulièrement.
Filtrer le jus de veau, l'assaisonner et le réserver.
Découper des tronçons de lotte, les réchauffer au four 2 minutes à 180 °C. Farcir le cœur d'artichaut avec la compotée de pomme, puis napper l'ensemble.

L'ASTUCE DU CHEF
Tourner un artichaut consiste à garder juste le cœur. Il faut enlever toutes les feuilles avec un couteau aiguisé.

Fricassée de lotte façon piperade

Anthony Carballo, *La Nauve, Hôtel et Jardin*

Préparation 15 minutes • Cuisson 30 minutes • Pour 4 personnes
800 g de lotte • 25 g d'huile d'olive • sel • poivre

Compotée piperade : 100 g de jambon sec • 100 g de poivron rouge • 100 g de poivron jaune • 100 g de poivron vert • 500 g de sauce tomate • 100 g d'oignons • sel • piment d'Espelette

Tailler tous les éléments de la compotée piperade en brunoise, colorer le jambon puis les oignons et les poivrons et finir par la sauce tomate. Assaisonner

Saisir la lotte à l'huile d'olive et la cuire 3 minutes de chaque côté.

Tailler des médaillons de lotte, les assaisonner et les disposer dans un plat. Ajouter la compotée piperade.

Finir la cuisson au four pendant 5 minutes à 160 °C.

Truite des Pyrénées grillée, butternut comme un risotto

Peio Nesi, *Trabenia*

Préparation 35 minutes
Cuisson 50 minutes
Pour 6 personnes
1 filet de truite (1,3 kg) • 2 butternuts • 500 g de crème liquide • 20 g de graines de courge • 50 g de noisettes • 1 citron jaune • 1 citron vert • huile d'olive • fleur de sel • piment d'Espelette • vinaigre de riz • arêtes de poissons divers

Butternut

Éplucher les butternuts et enlever les graines. Les tailler en petits cubes d'environ 3 cm.
Faire chauffer un filet d'huile d'olive dans une casserole. Y ajouter les butternuts, les graines de courge et les noisettes concassées. Assaisonner avec de la fleur de sel et du piment d'Espelette. Remuer régulièrement jusqu'à l'obtention d'une texture légèrement croquante.

Truite

Assaisonner le filet de truite avec la fleur de sel, le piment d'Espelette, le zeste des citrons vert et jaune. Le couper en pavés.
Disposer du papier cuisson dans une poêle et la faire chauffer avec de l'huile d'olive. Déposer les pavés de truite côté peau. Laisser cuire jusqu'à l'obtention d'une peau croustillante. Terminer la cuisson au four à 180 °C pendant 6 minutes.

Sauce

Dans une grande casserole, disposer les arêtes de poisson et ajouter de l'eau à hauteur. Porter à ébullition et laisser cuire 20 minutes.
Filtrer le jus. Ajouter la crème, le vinaigre de riz et réduire aux trois-quarts. Ajouter le jus des citrons vert et jaune.
Dresser les éléments sur de beaux plateaux de service avec une saucière et déposer au milieu des convives !

Truite vapeur, émulsion et duxelles de champignons

Louis Festa, *Les Singuliers*

Pour 8 personnes
Préparation 30 minutes
Cuisson 1 h 15
8 filets de truite de 100-150 g chacun, sans peau ni arêtes • 1 kg de champignons bruns • 500 g de lait • 1 jaune d'œuf • 1 oignon • huile d'olive • sel • poivre

Émulsion

Laver les champignons, les placer dans une casserole avec le lait et porter à frémissement pendant 1 heure.
Retirer les champignons du lait, les réserver, faire réduire de lait de moitié, assaisonner, ajouter le jaune d'œuf et émulsionner au fouet ou au mixeur plongeant.

Duxelles de champignons

Hacher finement les champignons égouttés, ciseler l'oignon. Faire suer le tout dans une casserole, laisser colorer le fond de la casserole pour avoir un goût grillé, saler, poivrer.

Truite vapeur

Placer les filets de truite sur un papier sulfurisé dans un cuiseur vapeur, cuire 5 minutes à feu doux avec un filet d'huile d'olive, sel et poivre.

Dressage

Placer une cuillère de duxelles au fond d'une assiette, recouvrir d'émulsion, déposer le filet de truite sur l'émulsion, déguster.

Risotto aux coques cuites de peur et poivrons d'Oléron, huile de persil

Cécile Chapet et Théo François, *Le Jour du poisson*

Pour 4 personnes • Préparation 25 minutes • Cuisson 45 minutes
800 g de coques moyennes rincées • 3 ou 4 petits poivrons « corne de taureau » ou petits piments pour les amateurs • huile

Risotto : 250 g de riz rond • poivre noir en grains • graines de coriandre • 2 gros oignons jaunes • 600 g de fumet de poisson • 1 petit verre de vin blanc sec • 20 g de beurre • 50 g de parmesan râpé • 1 trait de jus de citron • huile neutre • sel • poivre

Purée de poivrons : 1 kg de poivrons rouges • huile neutre • sel

Huile de persil : 125 g de persil équeuté • 250 g d'huile neutre

Purée de poivrons

Préchauffer le four à 220 °C. Vider et découper grossièrement les poivrons, les enrober d'huile, les saler et enfourner une vingtaine de minutes. Les poivrons doivent être légèrement brûlés. Mixer, passer au chinois, goûter et ajuster l'assaisonnement.

Huile de persil

Mixer les ingrédients au Thermomix vitesse 6 (ou à l'aide d'un mixeur) et chauffer à 80 °C pendant 10 minutes. Filtrer à travers une mousseline.

Risotto

Faire chauffer le fumet de poisson. Ciseler les oignons. Écraser les grains de poivre et de coriandre à l'aide d'un mortier (ou d'une casserole sur le plan de travail).

Dans une grande casserole, faire chauffer de l'huile neutre avec le poivre et la coriandre pour les torréfier légèrement. Ajouter les oignons et faire suer pendant 2 à 3 minutes. Ajouter le riz et nacrer pendant 2 à 3 minutes. Ajouter le vin blanc. Quand tout le vin est absorbé, ajouter le fumet en plusieurs fois et bien remuer durant la cuisson du riz sur feu moyen.

Goûter et, quand le riz a la texture souhaitée, ajouter le beurre, le parmesan et le jus de citron tout en mélangeant vigoureusement. Ajouter la purée de poivrons et ajuster l'assaisonnement

Tailler finement les petits poivrons-piments.

Au moment de servir

Chauffer à blanc une casserole sur feu vif pendant 5 minutes. Y déposer les coques et verser un filet d'huile. Pencher la casserole vers le feu pour que celle-ci s'enflamme. Couvrir aussitôt pour cuire les coques à l'étouffée. Sortir du feu et verser dans un plat dès que les coques sont ouvertes, n'attendez pas plus longtemps.

Dans les assiettes, déposer le risotto, les coques sur le dessus, un filet d'huile de persil tout autour et les fines lamelles de poivrons-piments sur les coques.

Risotto de butternut et coques

Clément Papillaud, *Clément artisan culinaire*

Pour 4 personnes
Préparation 40 minutes
Cuisson 40 minutes
1 butternut • une quarantaine de coques• 10 cl de vin blanc • 1 échalote • 1 bouquet de persil plat • 1 branche de céleri • 2 gousses d'ail • beurre • huile d'olive • 10 cl de crème liquide • thym, sel, poivre • piment d'Espelette

Rincer les coques abondamment.
Ciseler l'échalote, couper le céleri en petits morceaux, hacher le persil et les gousses d'ail.
Faire suer échalote, ail, thym et céleri branche dans du beurre, ajouter les coques, le vin blanc puis la crème. Lorsque les coques s'ouvrent, enlever du feu.

Peler et vider le butternut. Avec la partie creuse, près des pépins, réaliser un velouté en faisant suer les morceaux dans du beurre avec du piment d'Espelette. Recouvrir d'eau puis laisser cuire une vingtaine de minutes. Mixer et passer au chinois avant de réserver.
Dans la partie pleine du butternut, détailler une brunoise avec des morceaux d'environ 2 mm de côté. Faire suer la brunoise délicatement dans un peu d'huile d'olive avec une gousse d'ail écrasée. Quand le butternut est à la fois ferme et fondant y ajouter un peu de velouté afin d'obtenir une texture de risotto ; assaisonner à votre convenance.
Récupérer le jus de cuisson des coques à la crème et mixer avec un mixeur plongeant.
Dans une assiette creuse, disposer le risotto de butternut et disposer par-dessus les coques ouvertes et le jus de cuisson.

Poulpe de Galice grillé et concassée de tomates et pommes de terre à l'huile au paprika fumé

Mathilde Aguerre et Mathieu Thomas, *Mimosa*

Pour 4 personnes
Préparation 25 minutes
Cuisson 40 minutes
4 tentacules de poulpe cuits • 12 pommes de terre Amandine • 1 oignon • 5 tomates (ou pulpe de tomates en conserve hors saison) • 1 gousse d'ail • 30 g de concentré de tomate • 200 g d'huile de pépins de raisin • huile d'olive • 10 g de paprika fumé • sel • piment

Faire suer l'oignon ciselé dans l'huile d'olive avec l'ail haché. Ajouter le concentré de tomate puis les tomates coupées en 4. Laisser cuire jusqu'à évaporation de l'eau et assaisonner.

Éplucher les pommes de terre et les cuire dans un grand volume d'eau salée. Au bout de 15 minutes, égoutter puis éponger.
Faire chauffer l'huile de pépins de raisin à 50 °C, puis ajouter le paprika fumé et laisser infuser 20 minutes.
Faire confire les pommes de terre dans l'huile aromatisée pendant 20 minutes à feu doux.
Faire colorer les tentacules de poulpe dans une poêle avec de l'huile d'olive.
Dresser le poulpe dans un plat à escargots avec la sauce tomate et des fleurs comme ici la tagète mandarine et les fleurs de cosmos.

Poulpe de Galice grillé et concassé de tomates
et pommes de terre à l'huile au paprika fumé

L'ASTUCE DU CHEF

Avant de cuire le poulpe à l'eau, congelez-le et tapez-le avec un rouleau à pâtisserie pour l'attendrir.

Bar entier au four farci aux herbes, légumes rôtis

Cécile Chapet et Théo François, *Le Jour du poisson*

Pour 4 personnes
Préparation 15 minutes
Cuisson 35 minutes
1 beau bar de ligne d'environ 2 kg gratté et vidé • 1 kg de pommes de terre grenailles • 500 g de champignons de Paris • 2 gros oignons jaunes • légumes de saison de votre choix (potiron, patate douce, chou-fleur, brocolis, poivrons...) • 1 botte de persil • 1 botte d'aneth • 1 botte d'estragon

Préchauffer le four à 200 °C.
Éplucher et couper grossièrement les légumes. Dans une plaque de four, les enrober d'huile, saler et enfourner 20 minutes.
Farcir le ventre du bar avec les trois herbes.
Au bout des 20 minutes de cuisson des légumes, les remuer, déposer le bar par-dessus et enfourner environ 15 minutes pour obtenir 48 °C de cuisson à cœur.
Ce plat peut être accompagné selon les saisons d'une sauce vierge ou encore d'un beurre blanc bien citronné.

L'ASTUCE DU CHEF

Dans notre restaurant, nous utilisons une cave de maturation pour nos poissons.

Les desserts

Gâteau de voyage, noisettes, reine-des-prés, caramel

Clément Papillaud, *Clément artisan culinaire*

Pour 6 personnes
Préparation 30 minutes
Repos 12 heures
Cuisson 50 minutes

Gâteau
400 g de noisettes décortiquées et grillées • 80 g de sucre complet • 4 œufs • 150 g d'huile d'olive • 4 g de levure chimique • citron

Crème montée
500 g de crème liquide 35 % de MG • 100 g de mascarpone • 10 g de sucre • 20 g de reine-des-prés séchée

Caramel
200 g de sucre cristal • 100 g de crème liquide 35 % de MG • 40 g de beurre • 20 g de crème épaisse • fleur de sel

La veille

Crème montée

Faire infuser à froid la reine-des-prés dans la crème liquide et le mascarpone et y dissoudre le sucre. Réserver la nuit au frais.

Le jour même

Caramel

Faire chauffer à sec un tiers du sucre, une fois fondu ajouter le deuxième tiers puis le troisième. Lorsque la coloration est adéquate, déglacer à la crème liquide bouillante en trois fois également. À l'aide d'un thermomètre, cuire jusqu'à 110 °C, retirer du feu et ajouter le beurre et la crème fraîche épaisse. Réserver au frais.

Gâteau

Mixer les noisettes afin d'obtenir une poudre grossière. Casser les œufs, ajouter le sucre et battre le tout jusqu'à ce que le mélange double de volume, puis faire monter le mélange à l'huile d'olive. Ajouter ensuite à l'aide d'une maryse la poudre de noisettes et la levure. Verser la pâte dans une cocotte, à défaut dans un moule à gâteau préalablement huilé et enfourner à 170 °C pendant 40 minutes, puis laisser refroidir.

Montage

Passer la crème reine-des-prés au chinois directement dans le bol du batteur puis monter la crème fouettée.
Intercaler des points de crème fouettée et de caramel sur le dessus du gâteau. Parsemer avec des éclats de noisettes grillées et des zestes de citron jaune.

L'ASTUCE DU CHEF

La reine-des-prés peut se cueillir en été en bord de rivière. Ses petites fleurs au goût subtil forment des grappes blanches, on peut y déceler des notes d'amande.

Chou craquelin, crème pralinée

Mathis Devaux, *Maison Devaux*

Pour 4 personnes
Préparation 40 minutes
Repos 12 heures
Cuisson 25 minutes

Pâte à choux
250 g d'eau • 100 g de beurre • 150 g de farine • 4 œufs • 1 pincée de sel

Craquelin
50 g de beurre • 50 g de sucre roux • 50 g de farine

Crème pralinée
500 g de lait • 4 jaunes d'œufs • 100 g de sucre • 50 g de Maïzena • 150 g de beurre • 200 g de pralin

Crème pralinée

Mettre le lait à chauffer dans une casserole, en parallèle fouetter les jaunes d'œufs avec le sucre. Ajouter la Maïzena au mélange œuf-sucre. Une fois le lait chaud, verser sur la préparation et remuer énergiquement. Remettre le tout dans une casserole et cuire jusqu'à épaississement (85 °C). Ajouter le pralin hors du feu, remuer énergiquement, puis faire fondre le beurre dans la crème. Réserver une nuit au réfrigérateur.

Craquelin

Mélanger tous les ingrédients jusqu'à obtenir une pâte homogène. Étaler au rouleau sur 2 mm d'épaisseur. Emporte-piécer en rond en fonction de la taille des choux.

Pâte à choux

Dans une casserole faire chauffer l'eau, le sel et le beurre à feu doux jusqu'à que le beurre soit fondu. Ajouter la farine en une seule fois hors du feu, remuer jusqu'à incorporation. Transvaser dans un cul-de-poule, incorporer les œufs un à un dans la pâte. Réserver en poche.
Coucher les choux sur une plaque avec du papier sulfurisé, déposer le craquelin par-dessus et cuire au four 22 minutes à 180 °C, en veillant à ne pas ouvrir le four pendant toute la cuisson. Mettre la crème pralinée en poche, ouvrir le chou en deux, le farcir de crème et déguster.

LAETITIA SARTHOU

C'est une femme cheffe, seule en cuisine et à la tête de son restaurant. Cela dit déjà beaucoup de son tempérament ! Laetitia Sarthou a croisé de nombreux grands chefs au fil de son parcours, du *Chanzy* à Libourne jusqu'au restaurant *Michel Sarran* à Toulouse, en passant par *Le Relais du Bois* Saint-Georges à Saintes. De ces années, elle retient la passion mais aussi des moments difficiles dans des brigades souvent exclusivement masculines. « C'est encore plus compliqué de s'imposer en tant que femme », confie la souriante cuisinière.

Depuis 2014, elle vole de ses propres ailes aux *Pipelettes*. « Je travaille à échelle humaine, de moi-même », s'esclaffe-t-elle. Chaque matin, elle file aux halles de Pau et compose son menu du jour. Sa cuisine bistronomique est généreuse et intuitive. Ses assiettes font la part belle aux algues, fleurs et herbes. « Quand j'ai commencé la cuisine, on ne les utilisait que pour la déco, maintenant on les choisit pour leur goût ! »

• Quel est votre produit préféré du Sud-Ouest ?

Le safran de Kathy Hourgras, à Lucq-de-Béarn ! C'est une productrice à rencontrer car c'est une passionnée.

• Votre madeleine de Proust ?

Quand j'étais petite, mon arrière-grand-mère me faisait le quatre-heures. Elle préparait des crêpes et l'odeur se répandait dans les escaliers. Quand on arrivait chez elle, on sentait tout de suite cette odeur reconnaissable. Et elle disait toujours qu'elle n'avait rien fait à goûter. Mais, quand on arrivait, elle nous installait le salon de thé avec les fameuses crêpes. Quand je sens l'odeur des crêpes, cela me ramène toujours à ce souvenir d'enfance.

• Un ingrédient qui peut être le petit plus dans une recette ?

J'aime beaucoup le poivre de Madagascar (poivre sauvage Voatsiperifery), qui est très fruité.

• Un autre restaurant de la région à conseiller ?

La Table de Sébastien Gravé, à Bayonne, et *La Table de Megumi*, à Ciboure. La cuisine et l'ambiance sont super !

LES PIPELETTES

Elle décrit sa pimpante cantine rouge comme un « lieu de convivialité » avant tout. La cheffe est une fière représentante des pipelettes ! Surtout quand il s'agit de parler de ses producteurs. Dans la salle, une fresque multicolore met tous les produits à l'honneur. Ceux qui dictent la cuisine intuitive de Laetitia. Il faut donc accepter de se laisser guider car le menu de la veille ne ressemble pas à celui du lendemain.

Pour en savoir plus rdv p. 123.

Tarte au lin, agrumes (yuzus verts, citrons du Mexique)

Laetitia Sarthou, *Les Pipelettes*

Pour 4-6 personnes • Préparation 30 minutes • Repos 1 heure • Cuisson 40 minutes

Pâte sablée : 4 jaunes d'œufs • 160 g de sucre semoule • 160 g de beurre mou (sortir le beurre du réfrigérateur en amont) • 275 g de farine de lin

Meringue italienne : 2 blancs d'œufs • 120 g de sucre semoule • 5 cl d'eau

Crème citron : 3 citrons du Mexique • 3 yuzus verts (jus et zestes) • 6 œufs entiers • 150 g de sucre

Pâte sablée

Mettre les jaunes d'œuf dans le batteur avec le sucre, blanchir, ajouter le sel puis le beurre et la farine. Laisser la pâte au réfrigérateur en boule pendant 1 heure.

Meringue italienne

Mettre l'eau et le sucre dans une casserole et faire chauffer jusqu'à atteindre la température de 118 °C.

Monter les blancs en neige. Lorsqu'ils sont fermes, verser doucement dessus le sirop de sucre et laisser tourner jusqu'à complet refroidissement. Réserver.

Crème citron

Battre les œufs, puis mélanger tous les ingrédients dans une casserole à feu doux sans cesser de remuer. Cuire jusqu'à épaississement et réserver au froid.

Montage

Étaler la pâte sablée et foncer les moules à tarte. Remettre au frais 15 minutes.

Enfourner à 180 °C pendant 10 à 15 minutes.

Verser la crème citron, décorer de meringue et remettre un peu au four pour la faire colorer.

Déguster à température ambiante.

Tartelette au cacao, crémeux de chocolat au lait et praliné noisette

Louis Festa, *Les Singuliers*

8 personnes
Préparation 30 minutes
Repos 12 heures
Cuisson 35 minutes
1 paquet de feuilles de brick • 50 g de beurre • 10 g de cacao en poudre non sucré • 170 g de noisettes entières • 100 g de sucre • 40 g d'eau • 270 g de chocolat blanc • 200 g de lait • 6 g de feuilles de gélatine • 400 g de crème • 200 g de mascarpone • fleur de sel

La veille
Crémeux au chocolat blanc

Casser des morceaux de chocolat dans un cul-de-poule. Réhydrater la gélatine, puis l'ajouter au chocolat.
Porter à ébullition le lait, verser sur le chocolat et émulsionner avec un fouet pour le faire fondre. Ajouter la crème froide, filmer au contact et réserver au réfrigérateur.

Praliné noisette

Torréfier les noisettes 15 minutes au four à 150 °C. Pendant ce temps, faire un caramel avec le sucre et l'eau. Ajouter les noisettes, mélanger avec le caramel. Verser sur une plaque et laisser refroidir.

Le jour même
Tartelette au cacao

Faire fondre le beurre et y ajouter le cacao. Détailler des cercles de feuilles de brick de la taille du votre moule.
Badigeonner de beurre un cercle à l'aide d'un pinceau puis superposer un autre cercle. Ajouter une fine couche de beurre puis placer dans le moule. Répéter l'opération pour les 8 tartelettes. Cuire au four 12 minutes à 175 °C.

Finition du crémeux au chocolat blanc

Sortir le crémeux figé du réfrigérateur et ajouter le mascarpone. Battre jusqu'à ce que le mélange soit ferme, onctueux et qu'il ait un peu blanchi. Mettre en poche à douille pour le décor.

Finition du praliné noisette

Casser le praliné en morceaux pour faciliter le mixage. Mixer 5 à 10 minutes environ. Mettre en poche à douille.
Disposer les tartelettes dans les assiettes. Recouvrir le socle de praliné. Pocher le crémeux. Saupoudrer de cacao en poudre et ajouter un petit peu de fleur de sel.

Tarte au chocolat, crème de marrons

Laetitia Sarthou, *Les Pipelettes*

Pour 4-6 personnes
Préparation 30 minutes
Repos 2h50
Cuisson 20 minutes

Pâte sablée
150 g de beurre • 30 g de poudre d'amande • 90 g de sucre glace • ½ gousse de vanille • 1 gros œuf • 225 g de farine • 65 g de semoule de maïs

Ganache au chocolat et crème de marrons
140 g de crème de marrons • 150 g de chocolat noir • 35 g de beurre • 150 g de marrons glacés

Pâte sablée

Dans la cuve du batteur, malaxer le beurre et ajouter les ingrédients dans l'ordre de la liste ci -dessus. Mélanger brièvement puis réserver 30 minutes au réfrigérateur.

Étaler la pâte, faire des cercles de la même dimension que le moule. Remettre au réfrigérateur 20 minutes.
Enfourner à 160 °C 10-15 minutes jusqu'à obtenir une couleur dorée.

Ganache au chocolat et crème de marrons

Garder le beurre à température ambiante. Faire fondre le chocolat au bain-marie. Faire chauffer la crème de marrons et la verser petit à petit sur le chocolat, bien mélanger, puis incorporer le beurre. Émulsionner la ganache au mixeur plongeant.

Montage

Parsemer l'intérieur des fonds de tarte des marrons glacés concassés. Couler la ganache au chocolat et laisser figer au réfrigérateur pendant 2 heures. Décorer de chocolats et marrons glacés. Sortir la tarte 1 heure avant de la déguster à température ambiante.

Barre moelleuse noisette-chocolat et noisettes caramélisées à la fleur de sel

Cécile Chapet et Théo François, *Le Jour du poisson*

Pour 4 personnes
Préparation 1 heure
Repos 12 heures
Cuisson 1h10

Noisettes caramélisées
(à réaliser la veille)
200 g de noisettes • 60 g de sucre semoule • 20 g d'eau • 2 pincées de fleur de sel

Dacquoise noisette
250 g de poudre de noisettes torréfiée • 240 g de sucre glace • 265 g de blancs d'œufs • 85 g de sucre semoule

Crémeux chocolat noir
340 g de lait • 340 g de crème • 65 g de sucre • 150 g de jaunes d'œuf • 320 g de chocolat noir 70 %

Noisettes caramélisées (à réaliser la veille)

Torréfier les noisettes à 150 °C pendant 30 minutes, elles doivent être légèrement dorées.
Réaliser un sirop avec le sucre et l'eau dans une casserole, monter à 118 °C et y verser les noisettes encore tièdes. Hors du feu, enrober les noisettes jusqu'à ce qu'elles « massent » : une couche blanche va enrober les noisettes.
Remettre sur le feu et remuer sans cesse jusqu'à ce que les noisettes soient entièrement caramélisées. Ajouter la fleur de sel.
Transvaser sur une feuille de papier sulfurisé et laisser refroidir. Conserver dans une boîte hermétique.

Dacquoise noisette

Préchauffer le four à 170 °C. Mélanger la poudre de noisettes et le sucre glace à l'aide d'un fouet.
Au batteur dans un autre bol, monter les blancs d'œufs (garder les jaunes pour le crémeux chocolat) à vitesse moyenne. Lorsque les blancs laissent des traces sur le fouet, ajouter en pluie le sucre semoule et serrer les blancs à vitesse maximale. Ajouter le mélange poudre de noisettes et sucre glace en deux fois en mélangeant délicatement avec une maryse et sans pas trop insister pour ne pas trop faire retomber les blancs.
Étaler à la spatule sur un papier sulfurisé sur la plaque de four sur environ 1 cm d'épaisseur. Il faut obtenir deux dacquoises de la même taille.
Enfourner 10 minutes, puis changer de sens la plaque et poursuivre encore 5 à 10 minutes. Attention à la cuisson, les dacquoises doivent être légèrement dorées. À la sortie du four, poser sur grille et laisser refroidir. Décoller le papier sulfurisé.
Selon le matériel, découper la première dacquoise pour l'insérer dans un cadre ou des emporte-pièces. Sinon, chemiser à l'aide d'un film un plat à gratin et la découper au couteau pour l'insérer à l'intérieur.

Crémeux chocolat noir

Dans un bol, mélanger au fouet les jaunes d'œuf et le sucre semoule. Mettre en morceaux le chocolat noir dans un autre bol.
Dans une casserole, porter à ébullition le lait et la crème et verser progressivement tout en remuant sur le mélange sucre et jaunes d'œuf. Verser le mélange dans la même casserole et, sur feu doux, réaliser une crème anglaise (chercher 84 °C, texture nappante). Verser en deux fois sur le chocolat en l'émulsionnant à l'aide d'une maryse. Mixer.

Montage

Verser le crémeux encore tiède sur la première dacquoise, sur une couche entre 0,5 mm et 1 cm d'épaisseur. Laisser refroidir une dizaine de minutes puis déposer délicatement la deuxième dacquoise sur le crémeux. Laisser prendre au frais toute la nuit. Réserver également au frais le reste du crémeux dans une boîte, avec un film au contact.
Le lendemain, démouler ou décercler l'entremets et le tailler selon l'envie, ou bien le conserver entier comme un gâteau.

Dressage

Tailler des rectangles et les placer sur le côté tranché dans l'assiette. Puis, à l'aide d'une poche munie d'une douille « chemin de fer », pocher façon viennois le reste du crémeux. Déposer quelques noisettes caramélisées et râper des noisettes crues.

Brioche perdue, vanille de La Réunion, chocolat et caramel onctueux

Adrien Landois, *Trabenia*

Pour 8-10 personnes • Préparation 45 minutes • Repos 6h30 • Cuisson 25 minutes

Brioche perdue : 1 brioche • 400 g de crème liquide • 140 g de lait • 55 g de sucre cassonade + 20 g pour la cuisson de la brioche • 6 jaunes d'œufs • ½ gousse de vanille • 20 g de beurre

Caramel onctueux : 95 g de sucre • 155 g de glucose (ou de sucre en poudre ou, mieux, de miel) • 200 g de crème • 50 g de lait • 15 g de beurre

Ganache montée vanille
300 g de crème liquide chaude • 155 g de chocolat blanc • 370 g de crème froide • 1 gousse de vanille

Sauce chocolat : 110 g de lait • 100 g de chocolat noir

Brioche perdue

Laisser la brioche sécher 2 jours à l'air libre.

La tailler en tranches de 3 cm d'épaisseur.

Faire chauffer le lait avec la gousse de vanille, filmer et laisser infuser 30 minutes.

Blanchir (fouetter à froid) les jaunes et le sucre, ajouter la crème.

Mixer le lait et la gousse de vanille, passer au chinois puis verser le lait sur le mélange.

Imbiber les tranches de brioche une par une 5 à 10 minutes.

Dans une poêle chaude, faire caraméliser 20 g de sucre cassonade, puis ajouter 20 g de beurre et faire cuire les tranches de brioche de façon qu'elles colorent bien de chaque côté.

Caramel onctueux

Réaliser un caramel brun avec le sucre et 105 g de glucose.

Faire chauffer la crème, le lait et le glucose restant.

Une fois que le caramel est à bonne coloration, verser une partie de la crème bien chaude sur le caramel et bien mélanger au fouet puis ajouter le reste et faire cuire idéalement en sondant à 103 °C. À défaut d'une sonde, laisser cuire environ 3 minutes sur le feu tout en remuant.

Ajouter le beurre, mixer et réserver en pipette ou filmer au contact.

Ce caramel peut se conserver une dizaine de jours (hors du réfrigérateur).

Ganache montée vanille

Faire chauffer la crème chaude à 80 °C avec la gousse de vanille, filmer et laisser infuser hors du feu pendant 30 minutes.

En parallèle, faire fondre le chocolat au bain-marie.

Mixer la crème et la gousse de vanille infusée, puis passer au chinois.

Verser la crème en trois fois sur le chocolat et réaliser une émulsion à l'aide d'un mixeur plongeant.

Ajouter la crème bien froide et prolonger l'émulsion au mixeur.
Réserver au frais pendant 6 heures au minimum.
Au moment de servir, monter la ganache à consistance souhaitée.

Sauce chocolat

Faire fondre le chocolat au bain-marie.
Chauffer le lait à 45-50 °C.
Réaliser une émulsion en versant le lait en trois fois pour la texture idéale.

Montage

Au moment de la dégustation, passer la brioche 3 minutes au four à 180 °C.
Ajouter la ganache montée, le caramel et un filet de sauce chocolat tiédie.

L'ASTUCE DU CHEF

Achetez à votre boulanger de la pâte feuilletée, de la levure fraîche pour faire votre brioche, ou la brioche directement. Évitez les produits industriels !

Pudding avec pain et viennoiseries de la veille

Stéphane Casset et Max Feret, *Le Jardin*

Pour 8 personnes
Préparation 20 minutes
Cuisson 45 minutes
200 g de sucre • 7 œufs • 1 l de lait • 50 cl de crème entière • menthe fraîche

Récupérer les viennoiseries, cannelés, pains de la veille. Les recouvrir de lait pour les faire pomper.
Les disposer dans un moule à cake puis ajouter le mélange sucre et œufs.
Enfourner 40 minutes à 180 °C.
Attendre le refroidissement complet pour faire des tranches.
Faire infuser la menthe dans la crème chaude.
Porter à ébullition puis mettre au frais et monter au batteur la crème ou à l'aide d'un siphon.
Faire revenir les tranches dans du beurre et du sucre dans une poêle pour caraméliser.
Servir avec la crème à la menthe.

Pomme rôtie au safran charentais

Anthony Carballo, *La Nauve, Hôtel et Jardin*

Pour 8 personnes
Préparation 15 minutes
Cuisson 2 heures
8 pommes (reine des reinettes) • 50 g de beurre • 50 g de miel • 0,5 g de safran

Croustillant
50 g de noisettes entières • 50 g de cacahuètes • 50 g d'amandes • 50 g de sucre

Éplucher et tailler à l'horizontale les pommes en prenant soin d'enlever le cœur avec un vide-pomme. Mixer les épluchures et le cœur de la pomme, passer le jus au chinois.
Caraméliser le miel puis déglacer avec le jus de pomme et y laisser infuser le safran.
Verser ce jus dans un plat allant au four. Poser les pommes dessus et enfourner 2 heures à 120 °C, les pommes doivent être fondantes.

Croustillant

Faire caraméliser le sucre et ajouter les noisettes, cacahuètes et amandes et laisser cuire durant 2 minutes, verser sur une plaque et laisser refroidir.

Montage

À froid, hacher grossièrement le croustillant puis le disposer sur les pommes encore tièdes et servir.

L'ASTUCE DU CHEF

Pour accompagner, faites de petites ailettes : il suffit de cuire des disques de pâte feuilletée saupoudrés de sucre glace.

Fontainebleau aux fruits de saison

Mathilde Aguerre et Mathieu Thomas, *Mimosa*

Pour 4 personnes • Préparation 20 minutes • Repos 2 heures
10 g de blancs d'œufs • 90 g de sucre • 400 g de crème liquide • 125 g de fromage blanc • 250 g de fraises (ou autres fruits de saison) • 1 citron vert

Monter les blancs et les serrer avec la moitié du sucre.
Monter la crème et ajouter le reste de sucre, incorporer le fromage blanc puis les blancs montés puis verser dans une gaze et laisser égoutter 2 heures au frais.

Tailler les fraises et y ajouter les zestes et jus du citron vert. Dresser des quenelles de crème et les fruits.

Omelette norvégienne

Mathilde Aguerre et Mathieu Thomas, *Mimosa*

Pour 6 personnes • Préparation 1 heure • Repos 12 heures • Cuisson 2 h 20

Glace vanille de Madagascar : 375 g de lait • 125 g de crème liquide • 4 jaunes d'œufs • 75 g de sucre semoule • 1 gousse de vanille de Madagascar.

Sorbet mangue : 50 g de sucre • 2 mangues bien mûres • les zestes et jus d'un citron vert

Meringue au poivre de Madagascar : 20 g blancs d'œufs • 20 g de sucre semoule • 20 g de sucre glace • poivre de Madagascar

Meringue italienne : 2 blancs d'œufs • 100 g de sucre • 35 g d'eau

Montage : 1 c. à s. de vieux rhum Bidaia de la maison Egiazki

Glace vanille de Madagascar

Faire bouillir le lait et la crème. Y faire infuser la vanille pendant 1 heure. Passer au chinois. Blanchir les jaunes avec le sucre puis ajouter le lait et la crème chauds dessus. Remettre l'ensemble dans une casserole et cuire doucement la crème anglaise jusqu'à obtenir une texture nappante. Réserver au congélateur puis turbiner en sorbetière.

Sorbet mangue

Réaliser un sirop avec le sucre et 50 g d'eau jusqu'à frémissement. Mixer les mangues, les zestes et le jus avec le sirop à 30 °C. Réserver au congélateur. Turbiner.

Meringue au poivre de Madagascar

Monter les blancs, serrer avec le sucre semoule et incorporer le sucre glace à la maryse. Pocher en ronds d'environ 7 centimètres de diamètre ? et enfourner à 100 °C pendant 1 heure. Dans un moule en silicone individuel (7 cm de diamètre, 2 cm de hauteur), mouler en premier le sorbet mangue, ajouter la meringue sèche et couvrir de glace vanille, réserver au congélateur pendant 2 heures.

Meringue italienne

Monter les blancs en neige sans qu'ils soient trop fermes. Faire chauffer le sucre et l'eau dans une casserole jusqu'à atteindre 121 °C, puis verser sur les blancs montés. Continuer de fouetter. Une fois la meringue tiède, lisse et brillante, pocher à l'aide d'une douille à saint-honoré ou plate sur la tranche de l'omelette. Flamber au chalumeau. Faire flamber le rhum et verser sur l'omelette.

Tartelette figue et crème chocolat blanc

Mathis Devaux, *Maison Devaux*

Pour 6 personnes • Préparation 30 minutes • Repos 12 heures • Cuisson 15 minutes
200 g de farine • 1 jaune d'œuf • 4 cl d'eau • 2 pincées de sel • 100 g de beurre • 10 figues • 50 g de sucre • 1 petite poignée de pistaches • 100 g de chocolat blanc • 280 g de crème liquide

Faire chauffer 80 g de crème et les verser sur le chocolat blanc, mélanger jusqu'à ce que le chocolat ait fondu.
Monter le reste de la crème froide en chantilly. Incorporer les deux préparations à l'aide d'une maryse et mettre dans une poche toute une nuit au réfrigérateur.
Dans un cul-de-poule, mélanger la farine, le beurre, le sel et le jaune d'œuf. Pétrir jusqu'à obtenir une pâte homogène.
Étaler la pâte dans des petits fonds de tarte puis enfourner pour 10 minutes à 180 °C.
Mixer 4 figues avec le sucre et 50 g d'eau.
Couper les figues en fines tranches. Dans le fond de tarte, verser du coulis de figue, déposer par-dessus la crème chocolat blanc en spirale et en montant, et tout autour déposer de fines tranches de figue. Ajouter des éclats de pistache par-dessus.

Tarte aux figues et noix

Anthony Carballo, *La Nauve, Hôtel et Jardin*

Pour 6 personnes
Préparation 20 minutes
Cuisson 25 minutes

Pâte sablée
250 g de farine • 25 g de sucre • 5 g de sel fin • 1 jaune d'œuf • 50 g d'eau • 125 g de beurre

Crème noix
100 g de poudre de noix (noix mixées) • 100 g de sucre • 100 g de beurre • 2 œufs • 400 g de figues

Réaliser une pâte sablée avec les ingrédients cités.

Pour la crème de noix, mélanger le sucre avec le beurre pommade puis la poudre de noix et les œufs, fouetter vigoureusement.

Abaisser la pâte et réaliser une première cuisson durant 10 minutes à 180 °C et laisser refroidir.

Ajouter la crème de noix avec quelques quartiers de figues et réaliser la deuxième cuisson à 180 °C durant 15 minutes. Laisser refroidir.

Tailler des jolis quartiers de figue, disposer harmonieusement sur la tarte, finir le dressage avec quelques fleurs comestibles.

ANTHONY CARBALLO

À 34 ans, Anthony Carballo semble savoir ce qu'il veut. Venu à la cuisine par son frère pâtissier, il n'en est jamais reparti. Après son apprentissage en Tarn-et-Garonne, il est passé par nombre de grandes maisons : le *Meurice* avec Yannick Alléno, le *Shangri-La* sous Philippe Labbé et chez Franck Putelat à Carcassonne, notamment.
Force tranquille, le chef exécutif affiche la rigueur nécessaire pour diriger une brigade et a de l'ambition. « Bien sûr que l'étoile est dans un coin de la tête », confie celui qui est maintenant chef exécutif de *La Nauve, Hôtel et Jardin*, ouvert en juin dernier.
Pour nourrir sa cuisine du Sud-Ouest, il a à sa disposition un terrain de jeu immense : un parc de 4,5 hectares avec un potager, des vergers et une pêcherie. « J'adore jardiner ! » confie-t-il. Sur ses menus, on retrouve aussi régulièrement des produits du Lot à l'honneur, souvenirs de son dernier poste à Figeac.

• Quel est votre produit préféré du Sud-Ouest ?
J'aime beaucoup l'agneau du Quercy, de la tête aux pieds. Généralement, on les reçoit entiers, ce qui permet de travailler les morceaux les plus nobles pour *Notes* et les morceaux qui demandent un peu plus de travail, comme une épaule d'agneau confite, pour *Les Flâneurs*.

• Votre madeleine de Proust ?
La fleur d'oranger ! Ma maman en met tout le temps dans la pâte à crêpes. Pour moi, des crêpes à la fleur d'oranger, c'est le retour en enfance direct.

• Un ingrédient qui peut être le petit plus dans une recette ?
Le citron et les agrumes lacto-fermentés (voir page 4). On oublie ces agrumes dans un bocal pendant quelques mois et ils donnent une tout autre dimension à un produit.

• Un autre restaurant de la région à conseiller ?
Je n'ai pas encore eu l'occasion d'y aller, mais c'est le prochain sur ma liste : *Aumi*, à Puymoyen (16). On a eu l'occasion de se rencontrer, j'ai eu de très bons échanges avec eux. C'est extraordinaire ce qu'ils ont réussi à faire en si peu de temps.

LA NAUVE, HÔTEL ET JARDIN

La Nauve dispose de deux restaurants. À *La Brasserie des Flâneurs*, Anthony Carballo sert une cuisine de partage, régressive à souhait. Cordon bleu, pâté croûte, pommes dauphines, tarte bourdaloue…
Le restaurant gastronomique *Notes*, plus raffiné, propose un menu surprise selon l'inspiration du jour en quatre ou sept services.

Pour en savoir plus rdv p. 123.

Clafoutis à partager aux figues et mûres sauvages, sorbet mûre-framboise

Cécile Chapet et Théo François, *Le Jour du poisson*

Pour 4 personnes • Préparation 30 minutes • Repos 12 heures • Cuisson 35 minutes

Clafoutis (à réaliser la veille) : 30 g de farine • 110 g de sucre • 10 g de miel • 1 pincée de sel • 3 œufs • 5 g de rhum • 200 g de crème liquide • beurre mou • figues fraîches • mûres sauvages

Sorbet mûre-framboise, pour 1 l de sorbet, si vous avez une sorbetière : 345 g d'eau • 240 g de sucre • 15 g de jus de citron • 200 g de mûres sauvages • 200 g de framboises

Clafoutis

Dans un bol, mélanger la farine, le sucre et le sel. Réaliser un puits et ajouter au centre le miel, les œufs et le rhum. Fouetter vivement afin d'éviter les grumeaux. Ajouter la crème liquide. Réserver au frais pour la nuit.

Le lendemain, préchauffer le four à 170 °C.

À l'aide d'un pinceau, beurrer et sucrer un plat à gratin ou un moule à manqué (le clafoutis sera plus facile à servir lors de la découpe).

Déposer des figues fraîches coupées en 2 ou en 4 selon leur taille et quelques mûres sauvages. Bien remuer la préparation et verser sur les fruits. Enfourner pour 30 à 35 minutes, en surveillant la cuisson. Le clafoutis doit gonfler légèrement et colorer sur les bords. Laisser tiédir. Vous pouvez le déguster froid ou tiède selon votre préférence, avec un peu de sorbet mûre.

Sorbet mûre-framboise

Dans une petite casserole, faire chauffer l'eau, le sucre et le jus de citron, mélanger. À la première ébullition, baisser sur feu moyen pendant 5 minutes en gardant à frémissement. Verser dans un bol et laisser complètement refroidir.

Peser le sirop et compléter en eau jusqu'à obtenir 600 g.

Mixer ensemble à vitesse maximale le sirop froid, les mûres et les framboises. Turbiner dans la sorbetière selon les indications.

L'ASTUCE DU CHEF

Vous pouvez aromatiser le clafoutis comme vous le désirez (vanille, cannelle…) et varier les fruits selon les saisons (cerises, pêches, framboises…)

Tuile cigarette au pollen, crémeux de miel et sorbet citron

Louis Festa, *Les Singuliers*

Pour 8 personnes • Préparation 1 heure • Repos 12 heures • Cuisson 40 minutes

Tuile cigarette au pollen : 70 g de blancs d'œufs • 70 g de sucre glace • 70 g de farine • 70 g de beurre • pollen frais

Crémeux au miel : 350 g de crème 30 % de MG • 150 g de miel fort (type châtaignier, forêt) • 3 jaunes d'œufs • 1 feuille de gélatine (2 g)

Sorbet au citron : 30 cl de jus de citron • 20 cl d'eau • 100 g de sucre • zestes de citron

Streusel : 50 g de sucre cassonade • 50 g de beurre • 50 g de farine • 50 g de poudre d'amandes ou de noisettes

La veille

Sorbet au citron

Porter à ébullition l'eau et le sucre (attention à ne pas faire bouillir trop longtemps, sinon le sirop risque de se concentrer en sucre et de ne pas congeler). Ajouter le jus de citron dans le sirop refroidi. Mélanger. Faire prendre au congélateur. Turbiner à la sorbetière, puis remettre au congélateur.

Crémeux au miel

Réhydrater la gélatine. Porter à ébullition la crème et le miel en remuant régulièrement pour que ça n'accroche pas.
Verser le mélange sur les jaunes d'œufs tout en fouettant. Remettre en casserole, puis faire épaissir à feu très doux, en faisant des mouvements à la maryse en permanence. Le mélange ne doit pas bouillir. Pour voir si le crémeux est prêt, prendre une cuillère plate et la plonger dans la préparation : la crème doit être nappante. Ajouter la gélatine, bien fouetter. Verser dans un plat, filmer au contact et mettre au réfrigérateur.

Le jour même

Streusel

Préchauffer le four à 175 °C. Mélanger le beurre avec le sucre cassonade pour obtenir un mélange crémeux et homogène. Ajouter les poudres, mélanger avec les doigts jusqu'à obtenir une pâte et l'étaler sur une plaque avec un papier sulfurisé. Enfourner une quinzaine de minutes en grattant de temps en temps avec une spatule.

Tuile cigarette au pollen

Mélanger les blancs d'œufs avec les poudres tamisées. Ajouter ensuite le beurre fondu puis fouetter.
Laisser reposer au réfrigérateur une dizaine de minutes.
Étaler en huit bandes rectangulaires fines (2 mm d'épaisseur) de la taille de votre choix sur un papier sulfurisé. Saupoudrer de pollen. Enfourner 6 minutes à 175 °C. Quand les tuiles sont dorées et chaudes, les sortir du four et les enrouler autour d'un cylindre en scellant les extrémités avec les doigts. Si jamais elles refroidissent, les repasser au four 2 minutes pour les rendre de nouveau malléables.

Montage

Avec un siphon : ajouter la crème froide à votre appareil en fouettant bien, mettre en siphon, gazer deux fois et mettre au frais jusqu'à utilisation.
Sans siphon : monter la crème bien serrée et ajouter à l'appareil. Mettre en poche à douille.
Mettre un cercle au centre de l'assiette, faire un petit fond de streusel, ajouter une boule ou une quenelle de sorbet et recouvrir avec le crémeux au miel. Parsemer de pollen frais.

L'ASTUCE DU CHEF

Si vous n'avez pas de sorbetière, vous pouvez très bien faire un granité au citron, c'est le même procédé, mais une fois congelé vous le grattez à la fourchette et vous le gardez au congélateur jusqu'à la dégustation.

GREG SILVA,
AVEC PEIO NESI ET ADRIEN LANDOIS

Après des années à voyager à la rencontre des restaurateurs de France et de Navarre pour Les Collectionneurs (devenu Teritoria), Greg Silva est revenu à son port d'attache et il accueille à *Trabenia* comme chez lui. En deux ans, il a dépoussiéré l'auberge basque jusqu'à ce qu'elle s'impose, plus qu'une halte agréable, comme adresse gastronomique.

L'aventure a commencé avec Peio Nesi qui partage dans ce livre ses recettes. Elles sont à l'image du jeune chef, créatif et gourmand et représentatives de la cuisine de partage de *Trabenia* ! Le cuisinier, qui a fait ses classes au Pays basque (*Zoko Moko* et *La Réserve* à Saint-Jean-de-Luz, *Les Frères Ibarboure* à Bidart...) a quitté l'auberge pour continuer ses pérégrinations dans la région. On suivra son parcours. Comme celui d'Adrien Landois, pâtissier passé par *Trabenia*, qui nous livre des recettes régressives.

THOMAS GOUTTERATEL

Thomas Goutteratel a repris le flambeau au printemps 2024. Formé par Alexandre Willaume au *Scribe* à Paris, il l'a suivi au *Grand Hôtel* de Saint-Jean-de-Luz puis est passé par les cuisines de l'*Auberge basque* avec Cédric Béchade et plus récemment Après-demain à Biarritz. *Trabenia* lui offre son premier poste de chef. Il garde la même ligne directrice : produits locaux, cuisine brute et belles cuissons au barbecue. On continue de se laisser surprendre par la sélection d'entrées et d'accompagnements qui changent chaque jour. Bref, l'esprit de *Trabenia* demeure et on ne doute pas que les assiettes seront aussi mémorables !

TRABENIA

Laissez-vous surprendre ! *Trabenia* est un peu plus qu'une auberge basque. Vous y trouverez l'authenticité recherchée mais aussi sans doute de belles surprises gustatives ! Le petit hôtel a huit chambres disponibles pour accueillir les randonneurs en étape sur le GR 10. Soirée pintxos le dimanche.

Pour en savoir plus rdv p. 123.

Tarte fine aux pommes, pâte de pommes, crème pâtissière et chantilly

Adrien Landois, *Trabenia*

Pour 10-12 personnes • Préparation 40 minutes • Repos 1 heure • Cuisson 1 h 20
½ plaque de feuilletage crue de votre boulanger • 100 g de beurre • 8 et 10 pommes golden • 60 g de sucre roux • bonne huile d'olive

Crème pâtissière : 400 g de lait • ½ gousse de vanille • 3 jaunes d'œufs • 120 g de sucre • 30 g de farine • 10 g de Maïzena

Pâte de pommes : 500 g de pommes Chantecler • 20 g de vinaigre balsamique • 1 citron vert (zeste + jus) • 1 pincée de fleur de sel

Chantilly : 300 g de crème froide • 60 g de mascarpone • 30 g de sucre glace

Finition : bonne huile d'olive • 1 pomme • le zeste d'1 citron vert

Crème pâtissière

Blanchir les jaunes et le sucre (mélanger à froid), ajouter la farine et la Maïzena, mélanger.

En parallèle, faire bouillir le lait et la gousse de vanille grattée.

Une fois le lait chaud, en verser la moitié sur le mélange puis remettre le tout dans la casserole.

Laisser épaissir puis faire cuire pendant 1 minute tout en remuant bien au fouet.

Réserver au réfrigérateur avec un film au contact.

Pâte de pommes

Éplucher et tailler les pommes en quatre.

Préchauffer le four à 180 °C puis enfourner pour 30 à 45 minutes.

Laisser refroidir et mixer avec le reste des ingrédients.

Tarte fine

Faire fondre le beurre. En étaler une couche au pinceau sur le fond de feuilletage, saupoudrer de 30 g de sucre roux et enfourner pour 10 minutes à 170 °C.

Ajouter une feuille de papier cuisson et une grille par-dessus, puis remettre à cuire 5 minutes. Réserver.

Détendre la crème pâtissière dans un cul-de-poule au fouet pour l'assouplir et l'étaler facilement sur le feuilletage précuit.

Éplucher les pommes, les couper en deux puis les tailler en tranches.

Superposer sur le fond de tarte les tranches une à une en ligne. Étaler sur les pommes une bonne couche de beurre fondu et 30 g de sucre roux.

Enfourner pour 25 minutes à 170 °C. Laisser refroidir.

Chantilly

Fouetter l'ensemble des ingrédients bien froids jusqu'à la texture souhaitée.

Finition

Faire briller la tarte en la badigeonnant d'huile d'olive au pinceau.

Répartir quelques points de pâte de pommes, quelques quartiers de pommes et un zeste de citron vert.

Tarte tatin

Jacques In'On, *Au Bistrot*

Pour 8 personnes • Préparation 20 minutes • Cuisson 45 minutes

Pâte sucrée : 250 g de farine • 25 g de sucre semoule • 5 g de sel • 125 g de beurre • 1 œuf • 50 cl d'eau • 40 g de farine (pour abaisser) • 10 g de beurre (pour abaisser) • 10 pommes Golden

Caramel : 200 g de sucre

Chantilly : 500 g de crème 35 % de MG • 50 g de sucre

Mettre la farine dans un saladier en faisant un puits. Ajouter le sel, le sucre et l'eau, puis le jaune d'œuf et mélanger.
En dernier, ajouter le beurre en morceaux au centre, mélanger le tout, écraser rapidement à pleines mains jusqu'à ce que le mélange soit bien homogène.
Éplucher et couper en quartiers les pommes en enlevant les cœurs.
Laisser fondre le sucre à feu doux dans un moule à manqué pour le caraméliser.
Disposer les pommes dans le moule. Couvrir avec la pâte et mettre au four 40 minutes à 180 °C.
Monter la chantilly et la servir à part.

L'ASTUCE DU CHEF

Vous pouvez faire une cheminée (petit trou sur la pâte) pour laisser échapper la vapeur pendant la cuisson. Quand le caramel commence à remonter sur les côtés, c'est bientôt cuit !

Tarte à la poire meringuée

Stéphane Casset et Max Feret, *Le Jardin*

Pour 6 personnes • Préparation 30 minutes • Cuisson 30 minutes

Pâte sablée : 250 g de farine • 12 g de beurre • 70 g de sucre • 2 jaunes d'œufs • 5 cl d'eau • 1 pincée de sel

Crème de poire : 6 poires Rocha de chez Jacques Meynard à Saint-Loubès • 100 g de sucre • 2 c. à s. de Maïzena • 2 œufs

Meringue : 100 g de sucre glace • 100 g de sucre semoule • 100 g de blancs d'œufs • pincée de sel

Pâte sablée

Préchauffer le four à 180 °C. Séparer les blancs des jaunes. Fouetter les jaunes d'œuf avec le sucre et l'eau. Mélanger le beurre en cubes et la farine assez vite pour que ça ne ramollisse pas. Verser au milieu de ce sable le mélange liquide. Former une boule et l'étaler dans un moule à tarte avec des pois chiches secs pour faire un poids et éviter qu'elle ne gonfle.
Enfourner et cuire jusqu'à coloration, pendant 20 minutes au moins.

Crème de poire

Mixer 5 poires sans la peau et les pépins.
Mélanger la Maïzena, la purée de poires et le sucre dans une casserole.
Battre les œufs dans un saladier.
Hors du feu, incorporer les œufs dans le mélange.
Sur le feu, cuire à feu doux et mélanger sans cesse pour que la préparation épaississe sans que les œufs cuisent. Laisser refroidir.

Meringue

Monter les blancs en neige avec une pincée de sel. Puis incorporer le sucre semoule, continuer de fouetter puis ajouter le sucre glace pour serrer les blancs jusqu'à l'obtention d'un ruban.

Montage

Remplir le fond de tarte avec la crème de poire. Disposer la meringue avec une poche à douille et colorer avec un chalumeau ou en passant la tarte quelques minutes au four en mode gril. Décorer avec quelques tra nches de poires crues.

Cobbler aux pommes et prunes Lovita

Gary Village, *Déméter*

Pour 4 personnes
Préparation 20 minutes
Cuisson 50 minutes

Cobbler
70 g de poudre d'amande • 130 g de beurre pommade • 150 g de farine • 70 g de sucre en poudre • 1 grosse pincée de sel fin • 1 grosse pincée de levure chimique

Fruits
10 g de sucre vanillé • 30 g de beurre salé • 4 pommes golden • 8 prunes lovita • beurre

Crème montée
30 g de sucre glace • 125 g de mascarpone • 200 g de crème liquide 35 % de MG • gousse de vanille (facultatif)

Préchauffer le four à 180 °C.
Peler les pommes et les couper en cubes. Couper les prunes en quartiers.
Les disposer dans un plat préalablement beurré, les saupoudrer de sucre vanillé et parsemer de beurre.
Enfourner pour 20 minutes.
Mélanger tous les ingrédients du cobbler jusqu'à obtenir une pâte homogène. Former des pâtons et les répartir sur les fruits cuits.
Enfourner à nouveau à 180 °C pendant 30 minutes.
Monter la crème avec tous les ingrédients et servir avec le cobbler tiède

GUILLAUME LE GOFF ET GARY VILLAGE

« Travailler en cuisine, c'est un sacerdoce, témoigne Gary Village, 35 ans, devenu cuisinier après une reconversion. Il faut avoir l'honnêteté de dire qu'on ne peut pas y arriver tout seul. » Lui a su bien s'entourer. D'abord en s'associant avec Guillaume Le Goff, rencontré à ses débuts, chez *Madame Pang*, à Bordeaux, alors qu'il venait d'obtenir son CAP. Les deux acolytes avaient prévu un « food tour » aux États-Unis, mais c'était compter sans le Covid. Ils ont continué chacun leurs expériences dans des restaurants bordelais au fil des rencontres. Jusqu'à ouvrir *Déméter* en septembre 2022 aux côtés de collègues devenus amis. Louis Duclos en salle, Léa Lemaître, partie depuis vers de nouveaux horizons, Aurore Rouguia… Guillaume résume : « On s'amuse dans l'assiette, sur le service… Il n'y a pas de frontières ! » La cuisine de *Déméter* transpire la « soul food », cette nourriture qui fait du bien à l'âme. « On prend des ingrédients simples, qu'on pousse plus loin, plus fort. On veut des goûts francs ! »

• Quel est votre produit préféré du Sud-Ouest ?

Guillaume : Mon cœur reste dans le Berry, dont je suis originaire, mais on a de très beaux produits dans le Sud-Ouest. Je suis un grand fan de canard !

Gary : Sans surprise, le piment ! Tous, Espelette, mais pas seulement… Il y a des maraîchers qui arrivent à produire des piments français de très bonne qualité ! C'est cool de trouver à proximité des produits exotiques qu'on aime utiliser.

• Votre madeleine de Proust ?

Gary : Les allocos, des bananes plantains frites. C'est une spécialité de Côte d'Ivoire, où je suis né et où j'ai grandi.

Guillaume : Très classique ! Le poulet rôti, farci ou non.

• Un autre restaurant de la région à conseiller ?

Guillaume : Soif, à Bordeaux, c'est mon restaurant coup de cœur.

Gary : Kedem, par Gil Elad et Ronan Cadoret de *Mampuku*. C'est une cuisine levantine vibrante qui parle au ventre et au cœur. J'adore *Mina* aussi. Mon ami Marc-Antoine Chabaut puise son inspiration dans ses racines corses.

DÉMÉTER

Quand on vient chez *Déméter*, « il ne faut pas avoir peur du goût ! » prévient Gary, qui reconnaît d'ailleurs qu'il met du piment un peu partout. Lui est basco-indonésien et a grandi en Côte d'Ivoire, Guillaume a travaillé dans plusieurs restaurants asiatiques et Aurore est réunionnaise. Autant dire que les influences sont diverses et épicées ! On s'installe au comptoir pour profiter du spectacle en cuisine et des assiettes qui se succèdent.

Pour en savoir plus rdv p. 123.

Potimarron, vanille, kumquat et rhum

Clément Papillaud, *Clément artisan culinaire*

Pour 4 personnes
Préparation 35 minutes
Repos 2 heures
Cuisson 30 minutes

Crémeux de potimarron
400 g de potimarron taillé en cubes • 1 gousse de vanille • 40 g de sucre • 50 cl de lait entier • 2 jaunes d'œufs

Kumquats confits
24 kumquats préalablement blanchis • 700 g d'eau • 300 g de sucre

Gel de rhum
150 g de rhum ambré mélangé à 10 g de sucre • 2 g d'agar-agar

Crémeux de potimarron

Cuire les dés de potimarron dans le lait et le sucre avec la gousse de vanille grattée jusqu'à la cuisson totale du potimarron (environ 20 minutes).

Mixer le tout, passer au chinois et ajouter les jaunes d'œufs, puis cuire à feu doux en remuant pour obtenir une texture de crème anglaise. Réserver au frais jusqu'au refroidissement total.

Kumquats confits

Réaliser un sirop en portant à ébullition l'eau et le sucre. Verser le sirop bouillant sur les kumquats blanchis. Une fois refroidis, renouveler l'opération deux fois.

Gel de rhum

Faire bouillir tous les ingrédients. Faire figer au froid puis une fois figé, mixer dans un blender et ajouter un peu d'eau si nécessaire afin d'ajuster la texture jusqu'à l'obtention d'un gel.

Montage

Dans un bol, disposer 1 cuillerée de crémeux de potimarron ainsi que 3 kumquats coupés en deux. À l'aide d'une pipette, faire quelques points de gel de rhum. Vous pouvez également disposer quelques éclats de noisettes grillées.

Index des ingrédients

Les producteurs des chefs

Les chefs ne seraient pas grand-chose sans de beaux produits à mettre en valeur. Ils partagent avec nous leurs adresses incontournables

BŒUF

La Ferme de Gibelle
Patrick et Paul Dussau
Bœufs race bazadaise en agriculture biologique - 1200, route de Puyol, 40320 Pimbo.
Tél. 05 58 44 49 04

Belaun Aldude
Coopérative
Porc Kintoa, veau et agneau
Route Urepel, 64430 Aldudes.
Tél. 05 59 37 89 40

ÉPICES, CAFÉS,CHOCOLAT

Aux Délices du safran
Guillaume Bouyer
Les Pelades, 16310 Roussines.
Tél. 07 68 96 82 47

Rouge Safran
Kathy Hourgras
Safran en filaments, produits au safran - Quartier Bernateix, 64360 Lucq-de-Béarn. Tél. 06 33 25 09 67

Les Cafés Noiro
Torréfacteur - 52, rue Neuve, 40100 Dax. Tél. 05 58 74 10 74

Maison Deuza
Peio Elgorriaga
Torréfacteur - 18, rue Joseph-Garat, 64500 Saint-Jean-de-Luz.
Tél. 05 59 26 04 36

Monsieur Txokola
Cyril Pouil et Ronan Lagadec
Chocolat et pâtes à tartiner - 11, rue Jacques Laffitte, 64100 Bayonne.
Tél. 05 59 15 66 94 ; 17, rue des Halles - 64200 Biarritz.
Tél. 05 59 51 15 04

FARINE, LÉGUMINEUSES

La Ferme Sain'Biose
Famille Ligneau
Haricots secs, lentilles, pois chiches, farines
978, route de Pouy, Le Vigneau, 47170 Lannes. Tél. 05 64 58 00 05

Lo Molièr
Romain Rouvreau
Farines de blé, sarrasin et maïs
810, chemin du Moulin, 64270 Saint-Pé-de-Léren. Tél. 06 83 43 63 13

FROMAGES, YAOURTS

Beñat fromager affineur
Beñat Moity
Stand au marché de Saint-Jean-de-Luz et boutique au 6, rue Renau-d'Elissagaray, 64500 Saint-Jean-de-Luz. Tél. 05 59 26 45 03

Ferme Bonnamy
Patrice et Nathalie Bonnamy
Fromages frais et affinés, yaourts au lait de chèvre
Mayac, 24110 Grignols.
Tél. 05 53 54 24 22

La Fromagerie de Pierre
Pierre Rollet-Gérard
43, cours Portal, 33300 Bordeaux.
Tél. 05 56 52 46 22
1, rue Montesquieu, 33500 Libourne. Tél. 06 78 92 26 26

FRUITS ET LÉGUMES

Champinette et aromates
Nathalie Lecoeur
Pleurotes et shiitakés
1, chemin Marty-Debat, 64800 Lestelle-Bétharram.
Tél. 06 15 19 38 13

Champitad'elle
Amandine Zingarelli
Pleurotes et shiitakés
Citadelle, 17480 Château-d'Oléron.
Tél. 07 48 13 88 50

Château Bois-Malot et Château Valentons Canteloup
Famille Meynard
Vin, poires et pruneaux
133, route des Valentons, 33450 Saint- Loubès.
Tél. 05 56 38 94 18

Ferme Barus
Sandrine Barus
Myrtilles, figues, bovins et canards gras - Chemin de Barus, 64450 Bournos. Tél. 05 59 33 87 15

Graines des Chaumes
Karine et Benjamin Jaufry
Maraîchage, fraises
Route du Moulin. 17840 La Brée-les- Bains. Tél. 06 52 17 04 32

L'Autre Campagne
Lucille Bonnet et Thomas Panzolato
Plantes aromatiques de collection, fleurs comestibles et micropousses
2399, route de Lannes, 40390 Saint-Martin-de-Seignanx.

La Ferme de Chaoulo
Floran Sarrazin et Mélina Rousse
Maraîchage - 3049, route de Geloux, 40110 Ygos-Saint- Saturnin.
Tél. 06 71 70 24 45

La Ferme de Gnigue
Philippe et Valentin Sébi
Framboises, agrumes et grenades
601 Damoulens, 40320 Bahus-Soubira. Tél. 06 10 94 06 53
ou 06 16 34 82 69

La Ferme de Marcel
Cyril Magne
Maraîchage - Puy Gros, 24110 Saint-Aquilin. Tél. 06 98 36 69 98

La Ferme des Ricochets
Arthur Capdevielle
Maraîchage
10, rue du Geronis, 64190 Sus.
Tél. 07 81 84 23 46

Le Jardin de la Josière
Cécile et Christine Nadreau
Maraîchage, légumineuses, céréales, farines, vignes
La Josière, Chaucre, 17190 Saint-Georgesd'Oléron.
Tél. 05 46 76 51 75

Le Jardin épicurien
Mickaël Pantaleone
Fruits, légumes, herbes aromatiques et plantes médicinales
362, route du Bialé, 64370 Morlanne. Tél. 07 64 02 87 35

Les Jardins de Chantérac
Aurélie Puech
Productions fruitières (fraises, framboises, noix et châtaignes) et maraîchères
Boutard, 24190 Chantérac.
Tél. 06 75 06 44 76

Les Vergers de Domino
Anne Laure Tedesco
Fruits, confitures
16, rue de l'Océan, Domino, 17190 Saint- Georges-d'Oléron.
Tél. 06 18 78 16 51

MIEL

Claire l'Happycultrice
Claire Lamargot
La Petite-Veyssière, 24190 Neuvic-sur-l'Isle. Tél. 06 33 44 21 49

Les Butineuses du Castagnos
Stéphane Dupouy
181, chemin Bignaou, 40400 Bégaar. Tél. 06 12 48 39 76

Le Nectar du Pertuis
Alexis Morandeau
53, rue des Hermelles
17310 Saint-Pierre d'Oléron.
Tél. 06 82 03 15 91

NOIX, NOISETTES

Moulin de la Veyssière
Paul Dieudonné, Christine Elias et Damien Peboscq
Noix, huiles et farines
La Petite-Veyssière, 24190 Neuvic-surl'Isle. Tél. 05 53 82 03 07

PAIN

Fournil Bethléem - la maison du Pain
Soizic et Marin de Vasselot
Pain au levain naturel, pétri à la main et cuit au feu de bois
Lieu-dit Barbeau, 24110 Saint-Aquilin. Tél. 06 72 65 63 97

POISSON

Ahaldena et Viking
Marché aux poissons, 40130 Capbreton. Tél. 07 80 00 29 92

Les Délices de la Mer
19, route de Loiseau, 33126 Fronsac.
Tél. 05 40 58 00 24

Oh Matelot
Paniers de poissons frais en direct des pêcheurs de la région
Tél. 06 79 30 46 98.

Pisciculture Bellet
Yann Bellet
Truites et saumons d'élevage
2 257 route de Gond-Pontouvre, 16600 Ruelle-sur-Touvre.
Tél. 05 45 68 07 89

Poissonnerie Cassin
Olivier Cassin
15, quai des Salinières, 33500 Libourne.
Tél. 05 57 25 51 55

PORC

Ferme Delage
Julien et Olivier Delage
Cochons fermiers : frais, charcuterie, conserves
Lieu-dit Castanet, 24140 Saint-Hilaire-d'Estissac.
Tél. 06 16 74 64 33

Pascal Massonde
Boucher-charcutier-conserveur basque - 124, chemin d'Apumai, 64250 Souraïde.
Tél. 05 59 93 90 30

Ets Mallo
Thierry Mallo
Stand 24 au marché des Capucins, 33800 Bordeaux. Tél. 05 56 91 62 14

Kukusoa
Aurélie et Jean-François Berasateguy
Bœuf et veau bio Ehko, charcuterie porc Kintoa
Quartier Hegimehar, 64310 Sare.
Tél. 06 74 01 39 71

VIN

Domaine du Bout du Monde
Famille Candon-Vialard
Vins du Périgord, agriculture biologique et biodynamie
Pommier, 24380 Creyssensac-et-Pissot, Les Costes, 24240 Ribagnac.
Tél. 06 73 76 80 08

VOLAILLES, ŒUFS

Chez Germain
Germain et Sylvie Le Fur
Œufs, volailles, canards et foies gras
857, route de Mouréou, 40380 Gamarde-les- Bains.
Tél. 06 41 75 30 85

GAEC Geroa Elgarrekin
Patrick et Michel Dagorret
Canes Kriaxera et porc Kintoa
Perekabia, 64780 Irissarry.
Tél. 06 83 94 47 66

La ferme de Tintin et Flo
Aurore Frugier-Mayno
Poules Barbezieux - L'Angélie, 24800 Saint-Jory-de-Chalais.
Tél. 06 74 75 70 23

La Petite Ferme d'Oléron
Mathieu Fesseau
Œufs bio - Grésillon, 17480 Château-d'Oléron. Tél. 06 67 01 41 22

Les Délices de Saint-Orens
Foie gras, confits, plats cuisinés
11, rue Gambetta, 64500 Saint-Jean-de-Luz. Tél. 05 59 51 12 52

Le Grand Mouillepied
Aurélie Groizeleau
Pigeonneaux et plats cuisinés
Le Grand Mouillepied, 17230 Marans. Tél. 06 25 90 29 33

Les Pigeons de Brannens
Jean-Christophe Duleau
Pâtés de pigeon et pigeonneaux
19, le Bourg, 33124 Brannens.
Tél. 05 56 65 59 84

Maison Dandieu
Olivier Dandieu
Volailles, canards et foie gras
380, chemin de Melet, 40700 Hagetmau. Tél. 05 58 79 29 08

Maison Garat
Laetitia Garat
Œufs, volailles,cailles et pigeonneaux - 1, route de Saint-Pée-sur-Nivelle, 64250 Souraïde. Tél. 05 59 93 83 20

Volailles Duplantier
Pierre Duplantier
Poulettes, pintades, canettes, chapons
Route départementale 944, 64410 Méracq. Tél. 05 59 04 50 58

Glossaire des termes culinaires

Appareil : mélange de plusieurs produits alimentaires qui servent à la préparation d'un mets.

À sec : expression utilisée pour désigner un caramel fait en chauffant du sucre sans rien d'autre.

Beurre pommade : beurre mis à température ambiante pour être travaillé plus facilement.

Beurre noisette : beurre légèrement bruni et qui a une odeur proche de la noisette.

Blanchir : plonger un aliment quelques minutes dans l'eau bouillante pour l'attendrir ou faciliter l'épluchage.

Bouquet garni : petit bouquet ficelé composé de plantes aromatiques : thym, laurier, persil pour les plus courants, voire vert de poireau, sauge ou branche de céleri, destiné à parfumer plats, fond et sauces.

Brunoise : forme de découpe en petits dés de 1 à 2 mm.

Chalumeau : outil utile pour caraméliser une crème brûlée, marquer une cuisson rapide d'une viande ou d'un poisson ou encore faire flamber de l'alcool.

Colorer : saisir une viande ou un légume à feu vif dans un corps gras pour caraméliser les sucs des viandes.

Compoter : cuire doucement et longuement une préparation comme des fruits jusqu'à obtenir une texture de compote.

Contiser : inciser de la viande pour insérer une garniture comme du beurre ou de la truffe.

Court-bouillon : liquide de cuisson pour pocher poissons, crustacés ou légumes. Il est composé d'eau salée et poivrée, de vin blanc, de carottes, d'oignons et d'un bouquet garni.

Cul-de-poule : bassine demi-sphérique en inox utile en cuisine pour mélanger des préparations.

Déglacer : dissoudre les sucs de cuisson en versant un liquide, pour obtenir une sauce.

Dégorger : rincer de la viande à l'eau pour la débarrasser de ses impuretés ou saler des légumes afin d'en éliminer l'eau.

Écumoire : parfois aussi appelé « araignée », cet ustensile souvent en inox, en forme de grande cuillère plate et perforée, permet d'écumer les liquides.

Emporte-pièce : outil manuel de formes diverses qui permet de découper des formes dans une pâte.

Émulsionner : mélanger deux liquides ou substances qui, en principe, ne se mélangent pas.

Estouffade : recette cuite à l'étouffée, notamment des viandes à cuisson longue.

Faire revenir : colorer un aliment dans un corps gras très chaud.

Filtrer : passer un liquide à travers une passoire fine comme un tamis ou un chinois pour le débarrasser de ses impuretés. Parfois raccourci en « passer ».

Grossièrement : d'une manière imparfaite, approximative, sans forme définie.

Incorporer : mélanger délicatement un aliment avec un autre.

Lever : lever les filets d'un poisson consiste à les séparer des arêtes.

Lier : modifier la texture d'une sauce, par exemple, en lui ajoutant plus d'épaisseur grâce un liant comme le beurre ou la fécule de maïs.

Lustrer : utiliser du beurre ou un nappage pour donner un aspect brillant à un aliment.

Mandoline : ustensile utile pour tailler les légumes crus en tranches fines et régulières.

Maryse : spatule souple pour racler le fond des récipients.

Mirepoix : forme de découpe en gros dés de 1 à 2 cm.

Monter : battre une préparation avec un fouet ou un batteur électrique pour y incorporer de l'air, augmenter son volume et la rendre plus légère.

Nacrer : enrober des grains de riz crus dans un corps gras. La méthode du riz pilaf et du risotto.

Napper : recouvrir un aliment d'une sauce, d'un coulis ou d'une crème.

Parer : enlever les morceaux de graisse ou de peau sur une viande ; en pâtisserie égaler le pourtour d'une tarte ou d'un entremets.

Peler à vif : s'utilise généralement pour parler d'un agrume que l'on épluche avec un couteau pour enlever toute la peau : le zeste et le ziste (partie blanche).

Réduire : porter un liquide à ébullition ou à frémissement pour évaporer l'excès d'humidité et concentrer les sucs donc la saveur.

Sabayon : crème mousseuse à base de jaunes d'œuf que l'on fait prendre au bain-marie en la fouettant.

Sauce vierge : sauce à base d'huile d'olive, de jus de citron, de dés de tomate et d'aromates qui condimentent souvent du poisson.

Serrer : finir de battre des blancs d'œuf pour les rendre fermes.

Singer : saupoudrer de farine des aliments après les avoir fait revenir et avant de mouiller à l'eau ou au bouillon.

Sucs : les jus et matières récupérés au fond de la casserole après la cuisson de viande ou de légumes.

Suer (faire) : faire cuire doucement des légumes dans un corps gras pour évacuer leur eau naturelle.

Torréfier : faire chauffer un aliment tel que des noix ou noisettes, sans matière grasse, pour obtenir un parfum grillé. Tourner : couper un légume tel que l'artichaut pour obtenir une forme régulière.

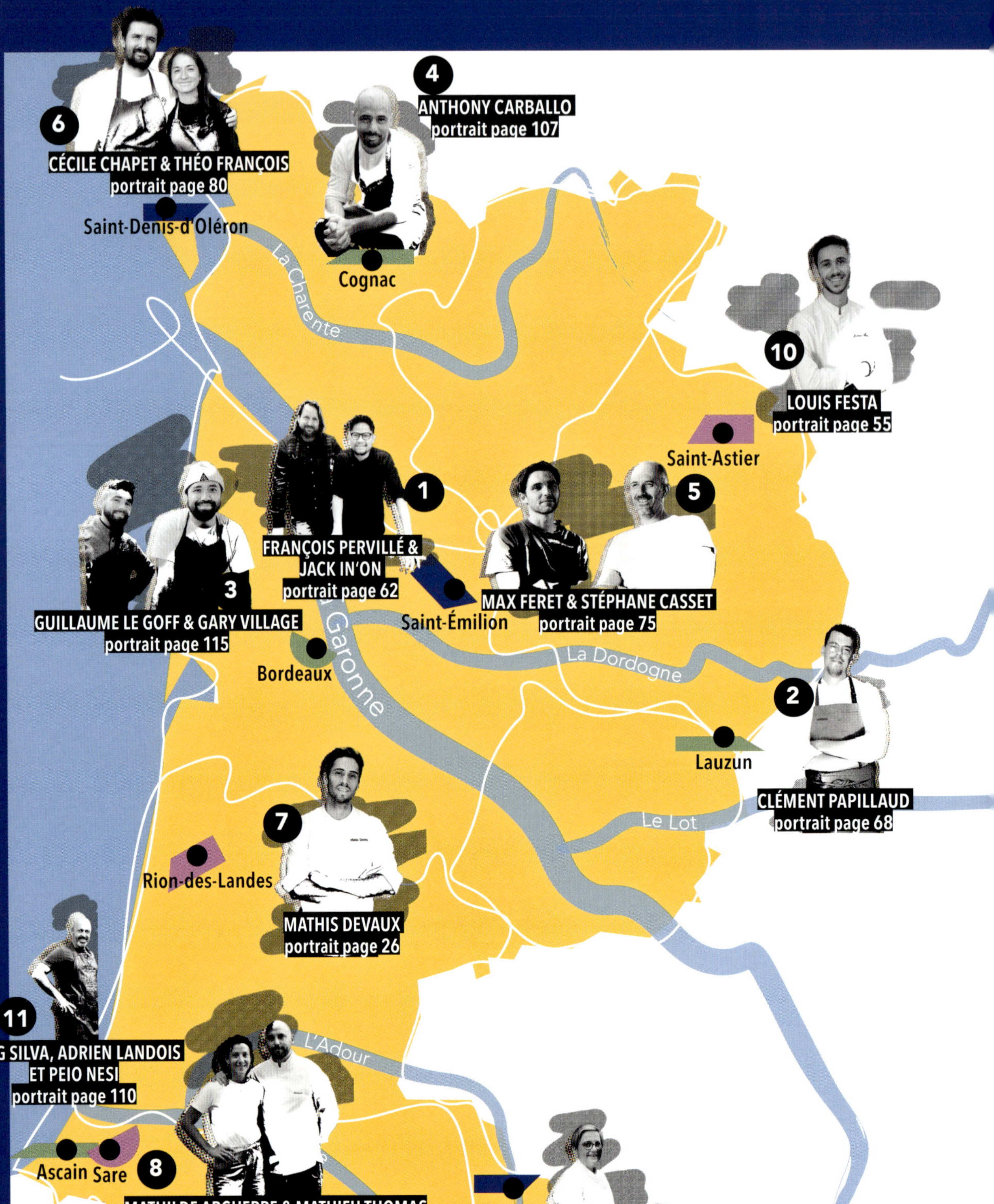

6
CÉCILE CHAPET & THÉO FRANÇOIS
portrait page 80
Saint-Denis-d'Oléron
4
ANTHONY CARBALLO
portrait page 107
Cognac
La Charente
10
LOUIS FESTA
portrait page 55
Saint-Astier
1
FRANÇOIS PERVILLÉ & JACK IN'ON
portrait page 62
3
GUILLAUME LE GOFF & GARY VILLAGE
portrait page 115
Saint-Émilion
5
MAX FERET & STÉPHANE CASSET
portrait page 75
Bordeaux
La Garonne
La Dordogne
2
Lauzun
CLÉMENT PAPILLAUD
portrait page 68
Le Lot
7
Rion-des-Landes
MATHIS DEVAUX
portrait page 26
11
GREG SILVA, ADRIEN LANDOIS ET PEIO NESI
portrait page 110
L'Adour
Ascain
Sare
8
MATHILDE ARGUERRE & MATHIEU THOMAS
portrait page 9
Pau
9
LAETITIA SARTHOU
portrait page 94

Les restaurants des chefs

1 *Au bistrot*
François Pervillé et Jacques in'on
61, place des Capucins, 51, rue du Hamel, 33800 Bordeaux
Tél. 06 63 54 21 14. Du mardi au jeudi de 12 h 15 à 14 h et de 19 h 30 à 22 h et le vendredi et samedi de 12 h 15 à 14 h et de 19 h 30 à 22 h 45

2 *Clément artisan culinaire*
Clément Papillaud
6, rue Eugène-Mazelie, 47410 Lauzun
Tél. 06 20 81 57 78. De 12 h à 13 h 30 et de 19 h 30 à 21 h 30. Fermé dimanche soir, lundi et mardi. Menu déjeuner 25 € ; dîner 3 services 38 € ; dîner 4 services 49 €.

3 *Déméter*
Guillaume le Goff et Gary Village
9, rue Ausone, 33000 Bordeaux
Tél. 05 56 30 43 20. Ouvert le midi vendredi et samedi, le soir du mardi au samedi.
Entrées 10 € en moyenne, plats 20 €, desserts 8 €.

4 *La Nauve, Hôtel et Jardin*
Anthony Carballo
2, rue de la Nauve, 16100 Cognac
Tél. 05 48 17 03 70. *Notes* : ouvert au dîner du mercredi au dimanche et pour le déjeuner le samedi et le dimanche. Menus en 4 services 80 €, 7 services 120 €. *La Brasserie des Flâneurs* : ouverte tous les jours, midi et soir. Plats 25-30 €.

5 *Le Jardin*
Max Feret et Stéphane Casset
Château Petit Faurie de Soutard, 33330 Saint-Émilion
Tél. 05 57 51 12 78.
Ouvert midi et soir du mardi au samedi.
Menu 29 € à midi, à la carte le soir environ 60 €.

6 *Le Jour du poisson*
Cécile Chapet et Théo François
3, rue de l'Ormeau, 17650 Saint-Denis-d'Oléron
Tél. 05 46 75 76 21. Ouvert du vendredi au lundi de 12 h à 13 h 30 et de 19 h 15 à 20 h 45. Plats à partir de 18 €.

7 *Maison Devaux*
Mathis Devaux
70, rue du Commerce, 40370 Rion-des-Landes
Tél. 05 58 72 46 79. Fermé lundi et mardi. Ouvert au déjeuner du mercredi au dimanche et pour le dîner du mercredi au samedi. Menu entrée plat dessert à 40 €. Menu sur mesure proposé à partir de 60 €.

8 *Mimosa*
Mathilde Aguerre et Mathieu Thomas
Place du village, 64310 Sare
Tél. 05 59 26 57 66. Ouvert midi et soir du jeudi au lundi. Menu déjeuner 25 € ; à la carte, plats environ 30 €.

9 *Les Pipelettes*
Laetitia Sarthou
3, rue Valéry-Meunier, 64000 Pau
Tél. 05 59 98 88 06. Du mercredi au samedi de 12 h à 14 h et de 20 h à 21 h. Menu du déjeuner 25 €, dîner en 4 services 45 €.

10 *Les Singuliers*
Louis Festa
6, rue Montaigne, 24110 Saint-Astier
Tél. 05 53 45 72 07. Du mercredi au samedi, de 12 h à 13 h au déjeuner et de 19 h 30 à 21 h au dîner. Menus de 40 (déjeuner) à 80 €.

11 *Trabenia*
Greg Silva, Adrien Landois et Peio Nesi
Oletako Bidea, 64120 Ascain
Tél. 06 23 58 58 84. Hors saison, le restaurant est fermé mardi et mercredi. Ouvert midi et soir les autres jours. Menu déjeuner 25 €, menus de 35 à 69 €.

PRÉFACE ///

LES ENTRÉES

LES PLATS

Recettes des chefs :

Au bistrot
François Pervillé et Jacques in'on
recettes p. 14, 30, 53, 63, 112

Clément artisan culinaire
Clément Papillaud
recettes p. 10, 16, 34, 40, 69, 77, 79, 88, 92, 116

Déméter
Guillaume le Goff et Gary Village
p. 33, 46, 52, 70, 114

La Nauve, Hôtel et Jardin
Anthony Carballo
recettes p. 12, 19, 23, 39, 47, 61, 67, 84, 102, 106

Le Jardin
Max Feret et Stéphane Casset
recettes p. 12, 16, 21, 45, 48, 71, 73, 74, 102, 113

Le Jour du poisson
Cécile Chapet et Théo François
recettes p. 10, 25, 29, 40, 76, 81, 86, 90, 98, 108

Conception graphique : Marie Zuurbier
Illustrations et carte : Alice Mirico
Typographie utilisée dans les titres : Lineal crée par Frank Adebiaye
avec l'aide d'Anton Moglia et Ariel Martín Pérez. Distribuée par velvetyne.fr
Ce livre a été imprimé par Novoprint
ISBN : 978-2-8177-1169-0 ~ N° éditeur : 01.02.09.24